Thérapie cognitivo-comportementale

La meilleure stratégie pour gérer l'anxiété et la dépression à jamais

Jean Martin

copiées de l'œuvre, qu'elles soient physiques, numériques ou audio, à moins que l'éditeur n'ait donné son consentement exprès au préalable. Tous droits supplémentaires réservés.

En outre, les informations qui se trouvent dans les pages décrites ci-après sont considérées comme exactes et véridiques lorsqu'il s'agit de relater des faits. À ce titre, toute utilisation, correcte ou incorrecte, des informations fournies dégagera l'éditeur de toute responsabilité quant aux actions entreprises en dehors de son champ d'action direct. Quoi qu'il en soit, il n'existe aucun scénario dans lequel l'auteur original ou l'éditeur peuvent être considérés comme responsables de quelque manière que ce soit des dommages ou des difficultés qui peuvent résulter de l'une des informations présentées ici.

En outre, les informations contenues dans les pages suivantes ne sont destinées qu'à des fins informatives et doivent donc être considérées comme universelles. Comme il sied à leur nature, elles sont présentées sans garantie quant à leur validité prolongée ou leur qualité provisoire. Les marques commerciales mentionnées le sont sans autorisation écrite et ne peuvent en aucun cas être considérées comme une approbation du détenteur de la marque.

Table des matières

Introduction

La thérapie cognitivo-comportementale est un sujet de plus en plus brûlant dans le monde de la psychologie depuis quelques années. De plus en plus de thérapeutes et de psychiatres adoptent ce type de thérapie parlante en raison de son efficacité avérée dans le traitement des troubles mentaux courants comme l'anxiété et la dépression. Bien que nous entendions souvent parler de ce terme, de quoi s'agit-il exactement ? La thérapie cognitivo-comportementale repose sur la théorie selon laquelle les pensées (cognition), les émotions et le comportement d'une personne sont tous en interaction constante les uns avec les autres. Par conséquent, si l'une de ces trois composantes est affectée, les autres le seront également. La cognition est responsable de la façon dont nous pensons et de ce que nous pensons, l'émotion est basée sur ce que nous ressentons, et le comportement est basé sur la façon dont nous agissons. Ces trois composantes soutiennent toutes la théorie selon laquelle si une personne change simplement ses pensées ou sa façon de penser, cela aura un impact sur nos sentiments, qui détermineront finalement notre comportement. En termes simples, cela signifie que les personnes qui ont des pensées négatives ou irréalistes qui leur causent de la détresse pourraient avoir des problèmes de comportement. Lorsqu'une personne souffre de détresse psychologique, la façon dont elle perçoit certaines situations peut être déformée, ce qui peut entraîner des comportements négatifs.

L'histoire de la thérapie cognitivo-comportementale

La TCC est en fait un terme générique pour de nombreuses thérapies différentes qui ont des composantes communes. Les premières formes de thérapie cognitivo-comportementale ont été développées par Albert Ellis et Aaron T. Beck au milieu des années 90. À l'époque, elle s'appelait la thérapie comportementale rationnelle et émotionnelle (REBT). La REBT est un type de thérapie cognitive qui se concentre sur la résolution des problèmes émotionnels et comportementaux. L'objectif principal de la REBT est de transformer les croyances irrationnelles en croyances rationnelles. La thérapie comportementale rationnelle et émotionnelle encourage un individu à découvrir ses croyances irrationnelles personnelles, puis l'incite à remettre en question ces croyances en les testant dans la réalité.

Albert Ellis a proposé que chaque personne porte un ensemble unique d'hypothèses sur elle-même et sur le monde. Il a suggéré que nous utilisons cet ensemble d'hypothèses pour nous servir et nous guider dans la vie et qu'il a une grande influence sur nos réactions aux différentes situations que nous vivons. Cependant, l'ensemble des hypothèses de certaines personnes est irrationnel, ce qui les conduit à agir et à réagir de manière inappropriée et a un effet négatif sur leur bonheur et leur réussite. Ce terme est appelé "hypothèses irrationnelles de base".

Un exemple de supposition irrationnelle est celui d'une personne qui suppose qu'elle est un échec parce qu'elle n'est pas aimée par tous ceux qu'elle connaît. Cela l'amène à rechercher constamment l'approbation et à se sentir rejeté. Comme toutes les actions et interactions de cette personne sont basées sur cette hypothèse, elle se sentira insatisfaite si elle ne reçoit pas assez de compliments. Selon Albert Ellis, voici d'autres hypothèses irrationnelles populaires et courantes :

- L'idée que vous devez être compétent dans tout ce que vous faites.
- L'idée que lorsque les choses ne sont pas comme vous le souhaitez, c'est catastrophique.
- L'idée que vous ne pouvez pas contrôler votre propre bonheur
- L'idée que vous devez dépendre de quelqu'un de plus fort que vous.

- L'idée que votre vie actuelle est fortement influencée par votre histoire.
- L'idée que ce sera un désastre si vous ne trouvez pas la solution parfaite aux problèmes humains.

Aaron Beck a un système de thérapie similaire à celui d'Albert Ellis, mais il est plus souvent utilisé pour la dépression que pour l'anxiété. Les thérapeutes utilisent généralement ce système de thérapie pour aider le client à prendre conscience de ses pensées négatives et de ses erreurs de logique qui l'amènent à être déprimé. Ils utilisent également ce système pour remettre en question les pensées dysfonctionnelles d'un individu, essayer d'interpréter les situations différemment et appliquer une perspective de pensée différente dans sa vie quotidienne.

En général, si une personne a beaucoup de pensées automatiques négatives, il est probable qu'elle devienne dépressive. Ces pensées vont se poursuivre même si les preuves sont contradictoires. Au milieu des années 90, Aaron Beck a identifié trois mécanismes qui, selon lui, provoquaient la dépression :

- La triade cognitive (pensée automatique négative)
- Schémas de soi négatifs
- Erreurs de logique (traitement inexact de l'information)

Aaron Beck pensait que la triade cognitive est constituée de trois types de pensées négatives qui se manifestent chez les personnes souffrant de dépression. Il s'agit de pensées négatives sur soi-même, le monde et l'avenir. Ces types de pensées ont tendance à apparaître automatiquement chez les personnes déprimées et sont assez spontanées. Lorsque ces trois types de pensées commencent à interagir, elles interfèrent avec les fonctions cognitives normales de notre cerveau et entraînent des troubles de la perception, de la mémoire et des difficultés à résoudre des problèmes. La personne est susceptible d'être obsédée par ces pensées négatives.

Aaron Beck a identifié de nombreux processus de pensée illogique dans son étude des distorsions cognitives. Il a conclu que ces schémas de pensée illogiques se dévalorisent et provoquent une grande quantité d'anxiété et/ou de dépression chez la personne concernée. Voici quelques-uns de ses processus de pensée illogique :

- Interférence arbitraire : Ce processus de pensée est basé sur le fait de tirer des conclusions avec des preuves insuffisantes et/ou non pertinentes. Par exemple, penser et se sentir nul en raison de la fermeture du parc à thème que vous deviez avoir en raison de la météo.

- Abstraction sélective : Ce processus de réflexion consiste à se concentrer sur un seul aspect d'une circonstance et à ignorer tous les autres aspects. Par exemple, vous vous sentez responsable de la défaite de votre équipe lors d'un match de volley-ball, même si vous n'êtes qu'un seul membre de l'équipe.
- Agrandissement : Le processus de pensée est basé sur l'exagération de l'importance lors d'une situation négative. Par exemple, si vous avez accidentellement rayé votre voiture, vous vous voyez comme un mauvais conducteur.
- Minimisation : Ce processus de pensée repose sur la minimisation de l'importance d'un événement. Par exemple, votre patron vous félicite pour votre excellent travail, mais vous considérez qu'il s'agit d'une question insignifiante.
- La surgénéralisation : Ce processus de pensée est basé sur le fait de tirer des conclusions négatives en raison d'un seul événement. Par exemple, vous avez normalement de bonnes notes à l'université, mais vous avez échoué à un examen et vous pensez donc que vous êtes stupide.
- La personnalisation : Ce processus de pensée est basé sur l'association des sentiments négatifs d'autres personnes à vous-même. Par exemple, votre patronne avait l'air très

en colère lorsqu'elle est entrée dans le bureau aujourd'hui ; elle doit donc être en colère contre vous.

Aaron Beck et Albert Ellis ont élaboré de nombreuses théories et comportements structurés qui ont conduit au développement moderne de la thérapie cognitivo-comportementale. Grâce à leurs recherches menées au milieu des années 90, des études ont conclu que 80 % des adultes bénéficient de la thérapie cognitivo-comportementale. Il s'agit d'un énorme succès dans le monde de la thérapie, car de nombreuses personnes préfèrent la thérapie par la parole à la thérapie médicale pour traiter des troubles mentaux tels que l'anxiété et la dépression.

Les utilisations modernes de la thérapie cognitivo-comportementale

Dans la société actuelle, la thérapie cognitivo-comportementale est utilisée pour traiter les troubles mentaux, principalement l'anxiété et la dépression. En raison de sa longue histoire et de son développement, la TCC est une forme de psychothérapie pratique qui permet de gagner du temps. La TCC se concentre sur les problèmes immédiats qui surgissent dans la vie quotidienne. Elle est utilisée pour aider les gens à donner un sens à leur environnement et aux événements qui se produisent autour d'eux. La TCC est très structurée, permet de gagner du temps et est axée sur les problèmes. Ces avantages expliquent pourquoi la TCC est l'une des techniques les plus populaires lorsqu'elle est utilisée pour traiter les troubles mentaux dans nos vies modernes au rythme effréné.

De nos jours, la TCC fonctionne en aidant les clients à reconnaître, à remettre en question et à modifier les pensées qui sont liées aux réactions émotionnelles et comportementales qui leur causent des difficultés. En utilisant la TCC pour surveiller et enregistrer les pensées pendant des situations indésirables, les gens commencent à apprendre que leur façon de penser contribue à leurs problèmes émotionnels. La thérapie cognitivo-comportementale moderne aide à réduire les problèmes émotionnels en apprenant aux individus à :

- Identifier toute distorsion dans leur processus de réflexion
- Voir leurs propres pensées comme des idées plutôt que des faits
- Prendre du recul par rapport à leurs propres pensées pour examiner les situations sous un autre angle.

Le nouveau modèle de TCC utilisé de nos jours est fondé sur la relation entre les pensées et les comportements. Les deux peuvent s'influencer mutuellement. Il existe trois niveaux et types de pensées :

- Les pensées conscientes : Ce sont des pensées rationnelles qui sont faites en toute conscience.
- Les pensées automatiques : Il s'agit des pensées qui se déplacent très rapidement ; il est probable que vous ne soyez pas pleinement conscient de leur mouvement. Cela signifie qu'il est difficile d'en vérifier l'exactitude. Une personne souffrant de problèmes de santé mentale peut avoir des pensées qui ne sont absolument pas logiques.
- Les schémas : Ce sont les croyances fondamentales et les valeurs personnelles en matière de traitement de l'information. Nos schémas sont façonnés par notre enfance et d'autres expériences de vie.

La TCC moderne est légèrement différente du type précédent, qui était principalement la TECR. La TCC que nous utilisons aujourd'hui est utilisée pour traiter une pléthore de troubles mentaux, alors que la REBT était principalement utilisée pour traiter la dépression et l'anxiété. De plus, la dépression et l'anxiété n'étaient pas aussi répandues au milieu des années 90 qu'aujourd'hui. Dans les chapitres suivants, nous verrons pourquoi les troubles mentaux comme la dépression et l'anxiété sont plus courants dans la société actuelle.

Ce que l'on peut attendre de ce livre : Dans ce livre, nous allons explorer les théories et les fonctions de la thérapie cognitivo-comportementale et comment elle fonctionne pour traiter des troubles comme l'anxiété et la dépression. Nous commencerons par en apprendre davantage sur la façon dont la TCC fonctionne lorsqu'elle est utilisée et comment elle se compare à d'autres types de thérapie. Nous apprendrons ensuite ce qu'est l'anxiété, ses symptômes et ses différents types. Ensuite, nous apprendrons ce qu'est la dépression, la science qui la sous-tend, les différents types de dépression et leurs symptômes. À ce stade du livre, vous devriez avoir une bonne compréhension du fonctionnement de l'anxiété et de la dépression et du rôle que peut jouer la TCC pour traiter efficacement les symptômes. Vers le milieu de ce livre, nous examinerons les avantages et les inconvénients de choisir la TCC comme méthode de traitement. Ce chapitre est important pour vous aider à déterminer si la TCC est la bonne méthode de traitement pour le trouble que vous cherchez à traiter. Ensuite, nous consacrerons deux chapitres à la manière d'utiliser la TCC, plus particulièrement pour gérer l'anxiété et la dépression d'une personne, et à la manière dont d'autres méthodes peuvent également être utilisées pour gérer ces troubles. Nous nous pencherons sur la pleine conscience, la méditation, les changements de style de vie, la prévention de la procrastination et la pratique de la gratitude. Bien que ces sujets ne relèvent pas nécessairement de la TCC, ils soutiennent les principales théories de celle-ci, de sorte que l'exercice de ces méthodes peut s'avérer efficace pour certaines personnes. Enfin, nous consacrerons le dernier chapitre à l'étude de la colère et de la façon dont elle peut se manifester dans d'autres émotions. Nous étudierons la gestion de la colère et le rôle qu'elle joue également dans la santé mentale d'une personne. Dans l'ensemble, ce livre n'est pas seulement destiné à vous apprendre à utiliser la TCC ; son but est de vous éduquer sur tous les sujets connexes afin que vous compreniez pourquoi la TCC utilise la stratégie qu'elle utilise. En comprenant cela, les gens sont plus susceptibles de rester engagés dans le processus plutôt que d'abandonner s'ils ne voient pas de résultats immédiatement. Sans plus attendre, plongeons dans ce livre.

Chapitre 1 : Qu'est-ce que la thérapie cognitivo-comportementale ?

Comme nous l'avons vu au tout début de ce livre, la thérapie cognitivo-comportementale est un type de thérapie par la parole utilisé pour traiter les personnes souffrant de troubles mentaux. Les principes fondamentaux de la TCC reposent sur trois composantes : la cognition (pensée), l'émotion et le comportement. Ces trois composantes interagissent les unes avec les autres, ce qui conduit à la théorie selon laquelle nos pensées déterminent nos sentiments et nos émotions, qui déterminent ensuite notre comportement.

Comment fonctionne la thérapie cognitivo-comportementale ?

La thérapie cognitivo-comportementale fonctionne en mettant l'accent sur la relation entre nos pensées, nos sentiments et nos comportements. Lorsque vous commencez à changer l'une de ces composantes, vous commencez à initier un changement dans les autres. L'objectif de la TCC est de vous aider à réduire le nombre de vos soucis et à améliorer la qualité générale de votre vie. Voici les 8 principes de base du fonctionnement de la thérapie cognitivo-comportementale :

1. La TCC vous permettra de comprendre vos problèmes sous un angle nouveau.

Souvent, lorsqu'une personne vit avec un problème depuis longtemps dans sa vie, elle peut avoir développé des façons uniques de le comprendre et de le traiter. En général, cela ne fait qu'entretenir le problème ou l'aggraver. La TCC est efficace pour vous aider à envisager votre problème sous un nouvel angle, ce qui vous permettra d'apprendre d'autres façons de le comprendre et de le traiter.

2. La TCC vous aidera à acquérir de nouvelles compétences pour résoudre votre problème.

Vous savez probablement que comprendre un problème est une chose, et que le traiter est une toute autre paire de manches. Pour commencer à changer votre problème, vous devrez acquérir de nouvelles compétences qui vous aideront à modifier vos pensées, vos comportements et vos émotions qui affectent votre anxiété et votre santé mentale. Par exemple, la TCC vous aidera à acquérir de nouvelles idées sur votre problème et à commencer à les utiliser et à les tester dans votre vie quotidienne. Ainsi, vous serez plus à même de vous faire votre propre opinion sur la cause profonde de ces symptômes négatifs.

3. La TCC repose sur le travail d'équipe et la collaboration entre le client et le thérapeute (ou le programme).

La TCC exige que vous participiez activement à l'ensemble du processus, et vos pensées et idées sont extrêmement précieuses dès le début de la thérapie. Vous êtes l'expert en ce qui concerne vos pensées et vos problèmes. Le thérapeute est l'expert lorsqu'il s'agit de reconnaître les problèmes émotionnels. En travaillant en équipe, vous serez en mesure d'identifier vos problèmes et d'amener votre thérapeute à mieux les aborder. Historiquement, plus la thérapie progresse, plus le client prend l'initiative de trouver des techniques pour traiter les symptômes.

4. L'objectif de la TCC est d'aider le client à devenir son propre thérapeute.

La thérapie coûte cher, nous le savons tous. L'un des objectifs de la TCC est de ne pas vous rendre trop dépendant de votre thérapeute, car il n'est pas possible de suivre une thérapie éternellement. Lorsque la thérapie prend fin et que vous ne devenez pas votre propre thérapeute, le risque de rechute est élevé. En revanche, si vous parvenez à devenir votre propre thérapeute, vous serez en mesure d'affronter les obstacles que la vie vous réserve. En outre, il est prouvé que la confiance en votre propre capacité à faire face aux difficultés est l'un des meilleurs indicateurs de la conservation des informations précieuses que vous avez obtenues au cours de la thérapie. En jouant un rôle actif pendant vos séances, vous serez en mesure d'acquérir la confiance nécessaire pour faire face à vos problèmes lorsque les séances seront terminées.

5. La TCC est succincte et limitée dans le temps.

En règle générale, les séances de thérapie TCC durent entre 10 et 20 séances. Statistiquement, lorsque la thérapie se prolonge pendant plusieurs mois, le risque que le client devienne dépendant du thérapeute est plus élevé. Une fois que vous avez acquis une nouvelle perspective et une nouvelle compréhension de votre problème, et que vous êtes équipé des bonnes compétences, vous êtes en mesure de les utiliser pour résoudre vos problèmes futurs. Il est essentiel, dans le cadre de la TCC, que vous mettiez vos nouvelles compétences à l'épreuve du monde réel. En traitant réellement votre propre problème sans la sécurité de séances de thérapie récurrentes, vous serez en mesure de prendre confiance dans votre capacité à devenir votre propre thérapeute.

6. La TCC est basée sur la direction et structurée.

La TCC s'appuie généralement sur une stratégie fondamentale appelée "récupération guidée". En mettant en place des expériences avec votre thérapeute, vous serez en mesure d'expérimenter de nouvelles idées pour voir si elles reflètent fidèlement votre réalité. En d'autres termes, votre thérapeute est votre guide pendant que vous faites des découvertes dans le cadre de la TCC. Le thérapeute ne vous dira pas si vous avez raison ou tort, mais il vous aidera plutôt à développer des idées et des expériences pour vous aider à tester ces idées.

7. La TCC est basée sur le présent, "ici et maintenant".

Bien que nous sachions que notre enfance et l'histoire de notre développement jouent un rôle important dans ce que nous sommes aujourd'hui, l'un des principes de la TCC fait la distinction entre ce qui a causé le problème et ce qui le maintient actuellement. Dans de nombreux cas, les raisons qui maintiennent un problème sont différentes de celles qui l'ont causé à l'origine. Par exemple, si vous tombez à cheval, vous pouvez avoir peur des chevaux. Votre peur sera maintenue si vous commencez à éviter tous les chevaux et refusez d'en monter un à nouveau. Dans cet exemple, la peur a été provoquée par la chute, mais en évitant votre peur, vous continuez à l'entretenir.

Malheureusement, vous ne pouvez pas changer le fait que vous êtes tombé de cheval, mais vous pouvez changer vos comportements en matière d'évitement. La TCC se concentre principalement sur les facteurs qui entretiennent le problème, car ces facteurs sont susceptibles d'être modifiés.

8. Les exercices sur feuille de travail sont des éléments importants de la thérapie TCC.

Malheureusement, il ne suffit pas de lire sur la TCC ou de suivre une séance de thérapie par semaine pour changer nos schémas de pensée et de comportement bien ancrés. Pendant la TCC, le client est toujours encouragé à appliquer ses nouvelles compétences dans sa vie quotidienne. Bien que la plupart des gens trouvent les séances de thérapie TCC très intrigantes, elles ne conduisent pas à un changement dans la réalité si vous n'exercez pas les compétences que vous avez apprises.

Ces huit principes vous serviront de guide tout au long de votre thérapie cognitivo-comportementale. En apprenant, en comprenant et en appliquant ces huit principes, vous serez en mesure d'investir votre temps et votre énergie pour devenir votre propre thérapeute et atteindre vos objectifs personnels. D'après les recherches, les personnes qui sont très motivées pour essayer des exercices en dehors des séances ont tendance à trouver plus de valeur à la thérapie que celles qui ne le font pas. N'oubliez pas que d'autres facteurs externes ont toujours un effet sur votre réussite, mais que votre motivation est l'un des facteurs les plus importants. En suivant la TCC à l'aide des principes ci-dessus, vous devriez être en mesure de rester très motivé tout au long de la TCC.

Quand la thérapie cognitivo-comportementale est-elle utilisée ?

Maintenant que nous avons appris comment fonctionne la TCC, quand est-elle utilisée ? La réponse principale à cette question est que la TCC est utilisée lorsqu'une personne décide de suivre une thérapie afin d'aider à résoudre les problèmes auxquels elle est confrontée. La plupart du temps, ces problèmes sont des troubles tels que la dépression, l'anxiété ou des troubles plus graves comme les TOC et les TSPT.

Pour aller un peu plus loin, les utilisations les plus courantes de la TCC sont en fait la dépression et le trouble anxieux généralisé. Cependant, la TCC est également utilisée et est très efficace pour d'autres troubles tels que :

- Trouble de la dysmorphie corporelle
- Troubles de l'alimentation

- Lombalgie chronique
- Troubles de la personnalité
- Psychose
- Schizophrénie
- Troubles liés à la consommation de substances

Comme la TCC se concentre sur la relation entre les pensées, les émotions et le comportement, les personnes souffrant de troubles liés à la santé mentale peuvent trouver utile d'essayer la TCC. La plupart des thérapeutes modernes optent pour la TCC comme la meilleure technique pour traiter les problèmes auxquels le client peut être confronté, car elle couvre de nombreux troubles, et le client peut l'apprendre et continuer à l'utiliser sans l'aide du thérapeute.

Dans un registre plus simple, la TCC peut être utilisée pour une thérapie générale. Il peut s'agir d'une situation où une personne assiste à des séances de thérapie afin de rester en contact avec ses pensées et ses sentiments. Bien que cette personne ne souffre peut-être pas d'un trouble particulier, la TCC est un outil utile pour quelqu'un qui souhaite organiser ses pensées.

Qui utilise la thérapie cognitivo-comportementale ?

Un grand nombre de personnes utilisent la thérapie cognitivo-comportementale, que ce soit pour aider les autres ou pour résoudre leurs propres problèmes. La réponse la plus générale à la question de savoir qui utilise la TCC serait un thérapeute et une personne souffrant d'un trouble mental. Cependant, la TCC est également utilisée par des professionnels dans le domaine de la psychologie, de l'alcoolisme, de la toxicomanie, des troubles alimentaires, des phobies et de la gestion de la colère. La TCC est un outil flexible que de nombreux types de personnes peuvent utiliser pour traiter le problème en question.

Comme je l'ai mentionné dans le sous-chapitre précédent, la TCC peut être utilisée même si vous n'êtes pas confronté à un problème grave comme celui mentionné ci-dessus. De nombreuses personnes qui avaient l'habitude de suivre une thérapie continuent à utiliser la TCC pour maintenir un état d'esprit sain. La TCC a également été utilisée pour des événements tels que des interventions. Cependant, les personnes qui utilisent la TCC et en retirent le plus de bénéfices sont celles qui sont prêtes à consacrer du temps et de l'énergie à l'analyse de leurs propres pensées et sentiments. L'auto-analyse étant généralement difficile, beaucoup de personnes peuvent abandonner après avoir réalisé à quel point elle peut être inconfortable. Cependant, la TCC convient très bien aux personnes qui recherchent un traitement à court terme ne nécessitant pas de médicaments. Elle convient très bien aux personnes qui ne veulent pas prendre de médicaments pour gérer des troubles comme la dépression et l'anxiété.

Comparaison entre la TCC et d'autres types de thérapie

La thérapie cognitivo-comportementale et les autres types de thérapies comportementales ont beaucoup de points communs, mais aussi de grandes différences. Les thérapies comportementales typiques que vous pouvez voir à la télévision et dans les films semblent impliquer beaucoup d'interprétation de rêves ou de discussions complexes sur les expériences de l'enfance. Ce type de thérapie est très dépassé par rapport à la TCC. En fait, de nos jours, peu de thérapeutes utilisent ce type de traitement. La TCC se distingue des autres thérapies en se concentrant principalement sur les liens entre les pensées, les émotions et les comportements d'une personne. La TCC et d'autres thérapies comportementales ont des approches communes, telles que :

- Le thérapeute et le client travaillent en équipe, étant entendu que le client est l'expert de ses propres pensées tandis que le thérapeute possède l'expertise théorique et technique.

- Les traitements sont souvent de courte durée (généralement entre 6 et 20 séances). Le client participe activement au traitement à l'intérieur et à l'extérieur des séances. Les devoirs et les feuilles de travail sont souvent obligatoires.

- Le thérapeute vise à aider le client à réaliser qu'il est fort et capable de choisir d'avoir des pensées et des comportements positifs.

- Le traitement vise à résoudre les problèmes actuels et est axé sur les objectifs. La thérapie consiste à atteindre les objectifs en travaillant étape par étape.

- Le client et le thérapeute choisissent ensemble leurs objectifs de thérapie et suivent leurs progrès tout au long du traitement.

Puisque la base de la TCC est la théorie selon laquelle les pensées influencent les sentiments et que la réponse émotionnelle d'une personne à un problème provient de la façon dont elle a interprété la situation. Voici un exemple pour vous aider à mieux comprendre : Imaginez que vous ayez la sensation que votre cœur bat irrégulièrement vite et que vous soyez essoufflé. Si ces symptômes se produisaient alors que vous êtes tranquillement assis chez vous, vous supposeriez probablement qu'il s'agit d'un problème médical tel qu'une crise cardiaque, ce qui provoquerait anxiété et inquiétude. En revanche, si ces symptômes se produisaient alors que vous couriez à l'extérieur, vous ne les attribueriez probablement pas à un problème de santé et, par conséquent, vous ne vous inquiéteriez pas. Voyez-vous ici que des interprétations différentes des mêmes sensations (par exemple, un cœur qui s'emballe et un souffle court) peuvent conduire à des émotions totalement différentes ?

La TCC suggère qu'une grande partie des émotions que nous ressentons est entièrement due à ce à quoi nous pensons. En d'autres termes, nos émotions sont entièrement basées sur la façon dont nous percevons et interprétons notre environnement ou une situation. Parfois, ces idées et ces pensées sont déformées ou biaisées. Par exemple, une personne peut interpréter un SMS ambigu comme un rejet personnel alors qu'elle n'a aucune preuve à l'appui. D'autres personnes peuvent commencer à se fixer des attentes irréalistes en matière d'acceptation par les autres. Ces pensées contribuent à des processus de pensée illogiques, biaisés ou déformés, qui affectent ensuite nos émotions. Dans le cadre de la TCC, les clients apprendront à distinguer la différence entre une pensée et un sentiment réel. Ils apprendront à être conscients de la façon dont les pensées peuvent influencer leurs émotions et de la façon dont cela est parfois inutile. En outre, ils seront capables d'évaluer de manière critique si leurs pensées automatiques sont exactes et fondées sur des preuves, ou si elles sont simplement biaisées. À la fin de leur thérapie, ils devraient avoir développé les compétences nécessaires pour remarquer ces pensées négatives, les interrompre et les corriger correctement.

Voyons maintenant en quoi les autres thérapies comportementales sont différentes. La plupart d'entre elles se concentrent sur la manière dont certaines pensées et certains comportements sont accidentellement "récompensés" dans l'environnement d'un individu. Cela contribue à l'augmentation de ces pensées et comportements. Les thérapies comportementales peuvent être utilisées dans une large sélection de symptômes psychologiques chez des personnes d'âges très divers. Voici quelques exemples pour mieux l'expliquer :

Exemple n° 1 : Imaginez un adolescent qui demande constamment la permission d'utiliser la voiture familiale pour sortir avec ses amis. Après que les parents aient demandé à plusieurs reprises et reçu de nombreux refus, l'adolescent se met en colère et désobéit à ses parents. Par la suite, les parents en viennent à la conclusion qu'ils ne veulent plus subir les tracas de leur adolescent et l'autorisent à emprunter la voiture. En donnant cette permission, l'adolescent a en fait reçu une "récompense" pour avoir piqué une colère. Les thérapeutes comportementaux affirment qu'en donnant la permission à l'adolescent, ce dernier a appris que le mauvais comportement est une stratégie qui fonctionne s'il cherche à obtenir la permission. En outre, la thérapie comportementale vise à comprendre les relations entre les comportements, les récompenses et l'apprentissage, et à modifier les schémas négatifs. En conclusion, les parents et les enfants de cet exemple peuvent désapprendre ces comportements malsains et renforcer plutôt les bons comportements.

Exemple n° 2 : Imaginez que vous ayez peur de monter dans un véhicule. Pour éviter d'avoir peur et d'être anxieux, vous pouvez éventuellement commencer à éviter tous les véhicules et à marcher ou à faire du vélo à la place. L'énergie et le temps supplémentaires nécessaires à votre transport peuvent vous amener à être constamment en retard à des événements ou au travail. Cependant, malgré ces conséquences, votre peur d'éviter de monter dans une voiture a été récompensée par l'absence de peur et d'anxiété. Les traitements comportementaux consisteraient à monter en voiture dans un environnement supervisé et à vous récompenser lorsque vous réussissez. Ces récompenses seront données après chaque réussite, et son but est de vous aider à désapprendre ces associations négatives. Bien que les thérapies comportementales diffèrent en fonction du trouble qu'elles traitent, elles ont en commun d'aider leurs clients à essayer des comportements nouveaux ou craints et de leur interdire de laisser les récompenses négatives dicter leur comportement.

Chapitre 2 : Qu'est-ce que l'anxiété ?

Alors, qu'est-ce que l'anxiété exactement ? La plupart du temps, lorsque les gens utilisent le terme "anxiété", ils font référence à l'anxiété généralisée. L'anxiété est un sentiment et une expérience de base que connaissent littéralement toutes les espèces animales. Bien que l'anxiété ne soit pas un sentiment agréable, elle n'est pas dangereuse. En fait, l'anxiété nous est utile dans certaines situations. Certaines personnes souhaitent se débarrasser complètement de l'anxiété, mais cet objectif n'est ni possible ni réaliste ! Dans le cadre de la thérapie cognitivo-comportementale, l'approche consiste à vous aider à acquérir les compétences nécessaires pour vous aider à gérer et à comprendre votre anxiété, plutôt que de vous en débarrasser complètement (encore une fois, ce n'est pas possible).

Nous devons tous garder à l'esprit que l'anxiété est une émotion normale et qu'elle n'est pas dangereuse. Les symptômes de l'anxiété ont en fait une fonction. L'anxiété est en fait une réaction naturelle à une menace perçue et nous aide à y répondre. Toutefois, une anxiété excessive peut également constituer un problème.

L'anxiété étant une réponse normale à une menace, lorsqu'une personne perçoit qu'elle se trouve dans une situation menaçante, son instinct de lutte ou de fuite est déclenché, son seul but étant de se protéger en combattant ou en fuyant le danger. Lorsqu'une personne se sent menacée, son cerveau envoie des messages à son système nerveux autonome (il s'agit d'une section de ses nerfs). Lorsque ce système nerveux réagit, l'adrénaline et la noradrénaline sont libérées par votre cerveau, ce qui déclenche alors la réponse d'anxiété et nous prépare automatiquement au danger. Ce système nerveux finit par s'arrêter lorsque ces substances chimiques sont détruites par notre corps dans une tentative de le calmer.

Il est extrêmement important de se souvenir de ce fait, car les personnes qui souffrent de troubles anxieux sont convaincues que leur anxiété durera toujours. Cependant, biologiquement, cela ne peut pas se produire puisque l'anxiété est limitée par le temps. Bien que l'on puisse avoir l'impression que l'anxiété est éternelle, elle a une durée de vie limitée. Après un certain temps, votre corps déterminera qu'il en a assez de l'instinct de lutte ou de fuite et ramènera le corps à sa neutralité. L'anxiété ne peut pas durer indéfiniment ni endommager votre corps. Bien que très inconfortable, tout ce cycle est parfaitement inoffensif et naturel. En fait, ce comportement est un instinct pour nous car, dans la nature, il est nécessaire que notre corps réagisse à cette réponse car nous savons que le danger peut revenir.

Dans l'ensemble, la réaction de fuite active le métabolisme de l'ensemble du corps. C'est ce qui fait qu'une personne se sent chaude, rougissante et fatiguée par la suite, car l'ensemble du processus consomme beaucoup d'énergie. Après une forte expérience d'anxiété, la plupart des gens se sentent épuisés, fatigués et complètement lessivés.

Qu'est-ce qu'un trouble de l'anxiété ?

Maintenant que vous savez ce qu'est l'anxiété et que c'est une émotion naturelle que nous ressentons pour nous protéger, qu'est-ce qu'un trouble anxieux ? Un trouble anxieux est un état médical dans lequel la personne ressent des symptômes d'anxiété extrême ou de panique. En d'autres termes, on parle de trouble anxieux lorsque la personne ressent une anxiété ou une panique grave et qu'elle est incapable de gérer ses symptômes.

Nous examinerons les différents types de troubles anxieux dans le prochain sous-chapitre, mais dans celui-ci, nous parlerons des plus courants auxquels les gens sont confrontés de nos jours. Le trouble anxieux le plus commun auquel les gens sont confrontés de nos jours est le trouble anxieux généralisé.

Trouble d'anxiété généralisée (TAG)

L'anxiété généralisée est la susceptibilité de paniquer, de s'inquiéter ou de s'angoisser de façon excessive face à de nombreux événements ou situations. En général, la personne a de grandes difficultés à contrôler ses sentiments d'inquiétude et est associée à d'autres symptômes tels que la fatigue, l'agitation, les difficultés de concentration, les troubles du sommeil, l'irritabilité et la tension musculaire. Le sentiment d'inquiétude est en fait défini comme un processus où l'on se concentre sur l'incertitude du résultat concernant des événements futurs. Il ne s'agit pas d'une émotion en soi, mais elle conduit à l'émotion de l'anxiété. Le symptôme principal et le plus évident du trouble anxieux généralisé est l'apparition de pensées "et si". Ces pensées "et si" vont de pair avec l'inquiétude, et on a souvent l'impression qu'elles sont incontrôlables. En outre, le processus d'inquiétude est souvent associé à des symptômes physiques liés à la réaction de fuite ou de combat. Il arrive souvent que l'individu envisage l'avenir sous un angle négatif et que ses pensées soient suivies de sentiments d'anxiété.

Les personnes atteintes de TAG se sentent souvent inquiètes et anxieuses la plupart du temps et pas seulement dans des situations spécifiques qui sont stressantes. Les inquiétudes qu'elles éprouvent sont constantes, intenses et interfèrent avec leur routine quotidienne. Leurs inquiétudes portent généralement sur plusieurs aspects et pas seulement sur un seul. Ils peuvent concerner le travail, la santé, les finances, la famille ou simplement les choses de la vie quotidienne. Des tâches triviales comme les tâches ménagères ou le fait d'être en retard à une réunion peuvent entraîner une anxiété extrême, qui débouche ensuite sur un sentiment de malheur.

La plupart des personnes sont diagnostiquées comme souffrant de TAG si elles présentent certains des symptômes pendant 6 mois ou plus :

- Vous vous sentez extrêmement inquiet à propos de nombreuses activités ou événements
- Vous luttez pour arrêter de vous inquiéter
- Vous trouvez que votre anxiété vous empêche d'accomplir vos tâches quotidiennes (p. ex., étudier, travailler, sortir avec des amis).
- Vous vous sentez constamment agité ou sur les nerfs
- Vous êtes toujours/facilement fatigué
- Vous avez du mal à vous concentrer
- Vous êtes facilement irritable
- Vous avez des tensions dans vos muscles (par exemple, cou ou mâchoire douloureuse).
- Vous avez du mal à dormir (par exemple, difficulté à rester endormi ou à s'endormir).

Environ 14 % de la population souffre de TAG à l'heure actuelle. Ce trouble a tendance à apparaître chez les femmes plus que chez les hommes et peut survenir à tout moment de la vie d'un individu. Il est fréquent dans tous les groupes d'âge, même chez les jeunes enfants et les personnes âgées. Toutefois, le diagnostic est le plus souvent posé vers l'âge de 30 ans.

Les enfants qui souffrent de TAG ont généralement des comportements tels que :

- Manque de confiance en soi
- Être trop conforme
- Recherche constante de l'approbation et de l'assurance des autres
- Être perfectionniste
- Besoin de refaire les tâches à la perfection
- En utilisant la phrase "Oui, mais si ?"

Quelle est la cause exacte du TAG ? C'est une question délicate ; une combinaison de différents facteurs est à l'œuvre. Tout d'abord, les facteurs biologiques sont pris en compte. Certains changements dans les fonctions cérébrales ont été associés au TAG. Ensuite, les antécédents familiaux sont également pris en compte. Les personnes atteintes de TAG ont souvent des antécédents de problèmes de santé mentale dans leur famille.

Les événements stressants de la vie augmentent également le risque de développer un TAG. Par exemple, la perte d'une relation, un déménagement ou un abus physique ou émotionnel sont tous des exemples d'événements qui peuvent jouer un rôle dans l'apparition du TAG. Enfin, des facteurs psychologiques peuvent également accroître le risque. Les personnes qui ont des traits de personnalité tels que la sensibilité, la nervosité ou l'incapacité à tolérer la frustration sont plus à risque de souffrir d'un TAG.

Le traitement le plus courant du TAG est la thérapie cognitivo-comportementale. Les médicaments seront utilisés si les traitements psychologiques sont inefficaces. Dans les chapitres suivants, nous verrons en détail pourquoi et comment la TCC est un traitement extrêmement efficace pour les personnes souffrant de TAG.

Quels sont les différents types de troubles de l'anxiété ?

Maintenant que nous avons appris à connaître le trouble anxieux le plus courant, le trouble anxieux généralisé (TAG), et la principale composante qui y conduit (l'inquiétude), nous allons passer à l'étude d'autres types de troubles anxieux dont souffrent les gens. Les autres types de troubles anxieux sur lesquels nous allons nous pencher sont les suivants :

- Anxiété sociale
- Phobies spécifiques
- Trouble panique
- Trouble obsessionnel-compulsif (TOC)
- Le syndrome de stress post-traumatique (SSPT)

La plupart du temps, les personnes anxieuses présentent des symptômes de plusieurs types de troubles anxieux. Il est important d'en prendre connaissance dès le début afin de pouvoir identifier les symptômes et obtenir rapidement un traitement. Les symptômes que vous pouvez ressentir ne disparaissent généralement pas d'eux-mêmes, et s'ils ne sont pas traités, ils peuvent commencer à prendre le dessus sur votre vie quotidienne.

Anxiété sociale

Bien qu'il soit tout à fait normal de ressentir un certain niveau de nervosité dans les situations sociales, il n'est pas normal de ressentir une quantité écrasante d'anxiété. Des situations telles que la participation à des événements formels, la prise de parole en public et les présentations sont des événements dans lesquels vous ressentez probablement une certaine nervosité et une certaine anxiété. Cependant, pour les personnes souffrant d'anxiété sociale (ou autrement appelée phobie sociale), le fait de parler ou de se produire devant d'autres personnes et les situations sociales en général peuvent entraîner une anxiété extrême. Cette anxiété découle généralement de la peur d'être critiqué, jugé, humilié ou moqué devant d'autres personnes. La plupart du temps, ces personnes ont peur de choses banales et ordinaires. Par exemple, les personnes souffrant d'anxiété sociale peuvent avoir l'impression que manger dans un restaurant en présence d'autres personnes est extrêmement intimidant.

L'anxiété sociale se manifeste généralement au cours de la période précédant un événement (par exemple, lorsqu'une personne doit prononcer un discours ou travailler pendant qu'elle est observée) et dans les situations où il y a une interaction sociale (par exemple, lors d'un déjeuner avec des collègues de travail ou lors d'une conversation normale). L'anxiété sociale se manifeste également pendant l'événement lui-même, ainsi que pendant la période qui le précède. En outre, ce type de phobie peut également être très spécifique, la personne ayant alors peur d'une situation précise. Par exemple, elle peut avoir peur de devoir s'affirmer lors de réunions de travail.

Les symptômes de l'anxiété sociale comprennent des symptômes psychologiques et physiques. Les personnes souffrant de phobie sociale trouvent très pénible de ressentir des symptômes physiques. Ces symptômes physiques comprennent :

- Transpiration excessive
- Nausée/diarrhée
- Tremblement
- Bégaiement, bégaiement ou rougissement lors de l'expression orale.

Lorsque ces symptômes physiques se manifestent, l'anxiété augmente normalement car la personne craint que d'autres personnes ne remarquent ces signes. Cependant, ces signes ne sont généralement pas perceptibles par les autres personnes. Les personnes qui souffrent de ce trouble disent qu'elles s'inquiètent aussi excessivement de dire ou de faire quelque chose de mal, ce qui entraînerait un résultat terrible. Souvent, les personnes souffrant d'anxiété sociale tentent d'éviter les situations dans lesquelles elles ont l'impression qu'il y a une possibilité qu'elles agissent d'une manière embarrassante ou humiliante. Si elles ne peuvent pas éviter certaines situations, elles choisiront de les supporter mais deviendront très angoissées et anxieuses et essaieront de sortir de cette situation aussi vite que possible. Cela peut commencer à avoir un effet négatif sur leurs relations. De plus, cela peut commencer à affecter leur vie professionnelle et leur capacité à maintenir leur routine quotidienne.

Un diagnostic typique d'anxiété sociale est basé sur la présence des symptômes mentionnés ci-dessus et sur le degré de détresse et d'altération de la routine quotidienne de l'individu. Habituellement, si les symptômes persistent pendant 6 mois, un diagnostic sera posé.

Certains symptômes de la phobie sociale sont d'ordre
psychologique :

- Nervosité extrême avant de se produire devant
  d'autres personnes.
- Nervosité extrême avant de rencontrer des
  personnes inconnues.
- Sentiment de nervosité ou de gêne extrême
  lorsqu'on l'observe (par exemple, manger ou boire
  devant d'autres personnes, parler au téléphone
  devant d'autres personnes).
- Ne pas se rendre à certains événements ou
  interactions par crainte de la nervosité sociale.
- Difficulté à vaquer à ses occupations quotidiennes
  (par exemple, étudier, voir des amis, travailler).

D'après les recherches, 11 % de la population a connu l'anxiété
sociale au cours de sa vie. Elle montre que les femmes
connaissent ce trouble plus que les hommes. La plupart du
temps, cette phobie commence pendant l'enfance ou
l'adolescence.

Alors, qu'est-ce qui cause exactement l'anxiété sociale ? Les causes sont nombreuses, mais les plus courantes sont le tempérament, les antécédents familiaux et les comportements acquis. En ce qui concerne le tempérament, les enfants ou les adolescents qui sont timides sont plus à risque que les autres. Plus précisément, chez les enfants, ceux qui font preuve de timidité et de timidité risquent de développer une anxiété sociale à l'âge adulte. Les antécédents familiaux sont également une possibilité lorsqu'il s'agit d'une cause due à une prédisposition génétique. La principale cause, cependant, est généralement un comportement acquis. Les personnes qui souffrent d'anxiété sociale ont souvent développé cette condition après avoir été mal traitées, embarrassées en public ou humiliées.

Lorsqu'il s'agit de traiter la phobie sociale, les traitements psychologiques seront la première ligne de traitement, et dans les cas plus graves, les médicaments peuvent être efficaces. La phobie sociale étant un type de trouble anxieux, de nombreux professionnels choisissent d'utiliser la thérapie cognitivo-comportementale comme méthode de traitement. Plus loin dans ce livre, nous verrons comment la TCC aide à traiter les troubles anxieux.

Phobies spécifiques

Les phobies sont probablement l'un des troubles les plus connus de la société actuelle. Vous voyez probablement à la télévision et dans les films des personnes qui ont la phobie des clowns, des araignées ou des hauteurs. La peur ou l'inquiétude face à certaines situations est courante, mais cela ne signifie pas que vous souffrez d'une phobie. Il est tout à fait normal de se sentir anxieux lorsque l'on rencontre une araignée ou que l'on se trouve dans un endroit élevé. La peur est en fait une réponse rationnelle et naturelle lorsque nous nous trouvons dans des situations où nous nous sentons menacés.

Cependant, certaines personnes réagissent de manière excessive à certaines activités, situations ou objets, car elles imaginent et exagèrent le danger. Les sentiments de terreur, de panique ou de peur qu'une personne peut ressentir en raison d'une menace sont complètement disproportionnés. Dans de nombreux cas, il suffit de penser au stimulus phobique ou de le voir à la télévision pour provoquer une réaction chez ces personnes. Ces types de réactions extrêmes pourraient indiquer un trouble phobique spécifique.

Bien que, la plupart du temps, les gens ne soient pas conscients de l'origine de leur anxiété, les personnes qui souffrent de phobies sont généralement conscientes que leurs peurs sont irrationnelles et extrêmes. Cependant, elles ont le sentiment que leurs réactions sont automatiques et ne peuvent être contrôlées. Parfois, des phobies spécifiques entraînent des attaques de panique. Au cours de ces crises de panique, la personne se trouve submergée par des sensations physiques indésirables. Ces sensations comprennent des nausées, des battements de cœur, des étouffements, des douleurs thoraciques, des vertiges, des évanouissements et des bouffées de chaleur ou de froid.

Les symptômes de la phobie spécifique sont les suivants :

- Vous avez une peur constante, extrême et irrationnelle d'une situation, d'une activité ou d'un objet. Par exemple, la peur des hauteurs, des clowns ou des araignées.
- Vous évitez constamment les situations où il y a une possibilité que vous soyez confronté à votre phobie. Par exemple, vous ne sortez pas parce que vous risquez de rencontrer une araignée. Si la situation est difficile à éviter, vous pouvez commencer à ressentir une grande détresse.
- Vous constatez que votre évitement et votre anxiété face à certaines situations où votre phobie pourrait exister vous empêchent de vaquer à vos occupations quotidiennes. Par

exemple, cela commence à interférer avec votre travail, vos études ou votre vie sociale.

- Vous trouvez que votre évitement et votre anxiété sont constants, et vous luttez contre ce problème depuis plus de 6 mois.

Les phobies spécifiques sont généralement réparties dans les catégories suivantes :

- Les animaux : Votre peur est liée aux animaux ou aux insectes (par exemple, peur des chats ou des araignées).
- L'environnement naturel : Votre peur est liée à l'environnement naturel (par exemple, peur des hauteurs ou de la foudre).
- Blessure/injection : Votre peur est liée à des procédures médicales invasives (par exemple, la peur des aiguilles ou de voir du sang).
- Situations : Votre peur est liée à des situations très spécifiques (par exemple, monter dans un escalator ou conduire dans un trafic dense).
- Autre : Votre peur concerne des phobies diverses (par exemple, la peur de vomir ou la peur de s'étouffer).

Les premiers symptômes de phobie spécifique apparaissent généralement pendant l'enfance ou au début de l'adolescence.

La peur est tout à fait normale chez les enfants, et ils éprouvent beaucoup de peurs communes pendant leur enfance. Les peurs les plus courantes sont la peur des étrangers, des monstres imaginaires, du noir et des animaux. Cependant, apprendre à gérer correctement ces peurs fait partie du processus de croissance. Certains enfants peuvent encore développer des phobies spécifiques pouvant aller jusqu'à des attaques de panique. Ces enfants présentent un risque plus élevé de développer des phobies spécifiques que les autres types de troubles anxieux. Dans la plupart des cas, les enfants ne sont pas conscients du fait que leurs peurs sont extrêmes et irrationnelles.

Alors, qu'est-ce qui cause exactement les phobies spécifiques, à part l'anxiété ? Tout comme l'anxiété sociale, le tempérament d'une personne et ses antécédents en matière de santé mentale jouent un rôle important dans l'apparition des phobies spécifiques. Les phobies sont très faciles à traiter, et un traitement psychologique tel que la TCC sera généralement utilisé en premier lieu pour s'attaquer au trouble. Dans les cas où la phobie spécifique est plus grave, un traitement médicamenteux sera utilisé pour aider à combattre le trouble.

Troubles paniques

Les troubles paniques, ou plus communément appelés "attaques de panique", sont le terme utilisé pour décrire les attaques récurrentes et invalidantes. Habituellement, les troubles paniques sont définis par :

- Des attaques de panique inattendues et récurrentes.
- Inquiétude pendant une longue période (1 mois et plus) après une attaque de panique, à l'idée d'en avoir une autre.
- S'inquiéter des effets ou des conséquences après cette attaque de panique. Beaucoup de gens pensent qu'une attaque de panique est le symptôme d'un problème médical non diagnostiqué. Par exemple, les individus peuvent faire des tests médicaux répétés en raison de ces inquiétudes, et bien que rien ne se révèle, ils ont toujours peur d'être en mauvaise santé.
- Avoir des changements de comportement significatifs qui sont liés aux attaques de panique. Par exemple, éviter de faire de l'exercice parce que votre rythme cardiaque va augmenter.

En général, pendant une attaque de panique, vous êtes submergé par les sensations physiques décrites ci-dessus. Le point culminant de l'attaque de panique se situe généralement au bout de 10 minutes et peut durer jusqu'à 30 minutes, après quoi vous êtes épuisé. Elles peuvent se produire jusqu'à plusieurs fois par jour ou quelques fois par an. Elles peuvent se produire pendant que la personne dort, ce qui la réveille pendant l'attaque. De nombreuses personnes ont déjà vécu une attaque de panique au moins une fois dans leur vie. Jusqu'à 40 % de la population humaine a connu une attaque de panique à un moment donné de sa vie. Cela ne signifie pas pour autant que vous souffrez d'un trouble panique. Voici les symptômes et les signes courants d'une attaque de panique :

- Un sentiment de peur accablante ou de panique
- Penser que l'on s'étouffe, que l'on meurt ou que l'on " devient fou ".
- La fréquence cardiaque augmente
- Difficulté à respirer (par exemple, hyperventilation)
- Vous avez l'impression de vous étouffer ou que vos poumons ne fonctionnent pas.
- Transpiration excessive
- étourdissement, vertige ou évanouissement

Dans certains cas, une personne qui subit une attaque de panique peut également ressentir une "dissociation" ou une "déréalisation". Il s'agit d'une sensation où vous avez l'impression que le monde et l'environnement qui vous entourent ne sont pas réels. Ce symptôme est associé aux changements physiologiques intenses qui se produisent dans le corps pendant la crise d'angoisse.

Les troubles paniques ne sont pas aussi courants que d'autres troubles tels que le TAG ou l'anxiété sociale. Il est choquant de constater que 5 % de la population a connu un trouble panique au cours de sa vie. Selon les statistiques, les femmes sont plus sujettes aux troubles paniques que les hommes. Les troubles paniques surviennent généralement entre le début et le milieu de la vingtaine ou au milieu de la vie. Il est vrai que les troubles paniques peuvent survenir à tout âge ; ils sont extrêmement rares chez les enfants ou les personnes âgées.

Quelle est la cause exacte d'un trouble panique ? Bien qu'il n'y ait pas de cause spécifique, de multiples facteurs sont généralement impliqués. Cela inclut les personnes ayant des antécédents familiaux de troubles anxieux ou de dépression. Certaines études suggèrent même que la génétique joue un rôle important. Des facteurs biologiques sont également associés aux troubles paniques, comme l'asthme, le syndrome du côlon irritable (SCI) et l'hyperthyroïdie. Les expériences négatives de la vie jouent également un rôle important dans les troubles paniques. Des expériences de vie extrêmement stressantes, comme les abus sexuels ou le deuil, ont été associées aux troubles paniques. En outre, les personnes qui subissent un stress permanent extrême courent un risque élevé de développer des troubles paniques.

Les traitements des troubles paniques sont utilisés pour réduire la quantité et l'intensité des attaques de panique chez les personnes qui en souffrent. Les personnes souffrant de troubles paniques graves recevront des médicaments pour les aider à se calmer, mais en général, les traitements psychologiques comme la TCC seront la première méthode utilisée.

Trouble obsessionnel-compulsif (TOC)

Comme nous l'avons vu dans notre sous-chapitre sur l'inquiétude, les pensées inquiétantes peuvent conduire à l'anxiété, qui influence ensuite notre comportement. Cela peut parfois s'avérer utile. Par exemple, le fait de penser que vous avez peut-être laissé votre cuisinière allumée vous incitera à aller la vérifier pour vous assurer que tout est en ordre. Cependant, si cette pensée devient récurrente et obsessionnelle, elle commence à influencer des modèles de comportement malsains qui rendent la routine quotidienne difficile. Un exemple de trouble obsessionnel-compulsif est la vérification répétée de la cuisinière pour s'assurer qu'elle est éteinte, même si vous l'avez déjà confirmé la première fois.

Les personnes qui souffrent de TOC éprouvent souvent une honte extrême à l'égard de leur besoin de réaliser leurs actions compulsives. Ces sentiments de honte provoquent le secret, ce qui entraîne un retard dans le diagnostic et le traitement. Souvent, il peut en résulter un handicap social où les enfants ne vont pas à l'école ou les adultes ne sortent pas de chez eux.

Quels sont donc les signes et les symptômes du trouble obsessionnel-compulsif ? Les TOC se présentent généralement sous différentes formes :

- Propreté et ordre : Par exemple, le nettoyage obsessionnel du ménage ou le lavage des mains pour atténuer la peur de la contamination ou des germes, l'obsession de la symétrie ou de l'ordre, et un besoin excessif de placer des objets ou d'effectuer des tâches selon un modèle ou un endroit précis.
- Compter et amasser : Les exemples incluent le comptage répété d'objets tels que des briques sur le mur, le comptage de leurs vêtements, ou l'accumulation d'objets inutiles tels que de vieux journaux ou des déchets.
- La sécurité : Il s'agit d'une peur obsessionnelle de faire du mal à ses proches ou à soi-même, qui peut conduire à

vérifier impulsivement les objets pour s'assurer qu'ils sont éteints et que les entrées sont verrouillées.

- Problèmes sexuels : Avoir une peur irrationnelle ou un dégoût pour toute activité sexuelle.
- Questions religieuses et morales : Ressentir le besoin ou la contrainte de prier de nombreuses fois par jour au point que cela affecte leurs relations et leur travail.

Lorsqu'il s'agit de symptômes de TOC, il faut faire attention :

- Avoir des préoccupations ou des pensées répétitives qui vont au-delà des problèmes de la vie courante (par exemple, avoir des pensées que vos proches ou vous-même serez blessés).
- Faire la même activité de manière très ordonnée et répétée à chaque fois. Exemples :
    o Vous vous douchez, vous vous brossez les dents, vous vous lavez les vêtements ou les mains en permanence.
    o Réorganiser, ranger ou nettoyer constamment les choses d'une manière particulière à la maison ou au travail.
    o Vérifier constamment que toutes les entrées sont verrouillées et que les appareils électroniques sont éteints.

- Se sentir soulagé après avoir effectué ces tâches mais ressentir peu après le besoin de les répéter.
- Être conscient que ces sentiments, comportements et tendances sont déraisonnables mais que vous ne pouvez rien y faire.
- Vous trouvez que ces comportements et pensées interfèrent avec votre routine quotidienne et vous prennent plus d'une heure par jour.

Le TOC n'est pas aussi répandu que les autres troubles que nous avons abordés. Environ 3 % seulement de la population a connu un TOC au cours de sa vie. Le TOC peut survenir à n'importe quel moment de la vie, et même des enfants de six ans peuvent en présenter les symptômes. Cependant, les symptômes ne se développent pleinement que lorsque l'individu atteint l'adolescence.

D'après les recherches effectuées, le TOC serait le résultat d'une combinaison de facteurs environnementaux et génétiques. De multiples autres facteurs peuvent augmenter le risque de développer un TOC, notamment des facteurs sociaux, des facteurs psychologiques et des antécédents familiaux. Des facteurs biologiques tels que des problèmes neurologiques et des niveaux irréguliers de sérotonine ont été associés au TOC. Des recherches actives sont actuellement menées sur la façon dont les changements structurels, chimiques et fonctionnels dans le cerveau peuvent mener au TOC. En outre, des comportements appris et des facteurs environnementaux peuvent entraîner le développement d'un TOC. Cela peut se produire par un conditionnement direct ou par l'observation des comportements des autres. Les enfants étant très impressionnables, ils risquent davantage de développer un TOC à l'adolescence en observant les comportements compulsifs de leurs parents.

Le TOC est généralement traité en premier lieu par des traitements psychologiques comme la TCC, mais comme beaucoup de cas sont plus graves, on utilise également des médicaments. Dans certains cas, une combinaison de médicaments et de traitements psychologiques comme la thérapie sera utilisée en même temps pour augmenter l'efficacité.

Le syndrome de stress post-traumatique (SSPT)

Les personnes qui ont vécu une situation ou un événement traumatisant qui a menacé leur sécurité, leur vie ou celle d'autrui peuvent développer un ensemble de réactions indésirables appelées SSPT. Ces types de situations traumatiques peuvent aller d'un accident de voiture à une guerre en passant par des catastrophes naturelles comme un tremblement de terre. À la suite de ces événements traumatiques, la personne éprouve des sentiments intenses d'horreur, de peur ou d'impuissance.

Les personnes qui souffrent de SSPT éprouvent souvent des sentiments de peur intense ou de panique, très semblables à ceux qu'elles ont ressentis pendant cette situation traumatisante. On distingue quatre grands types de difficultés dans le TSPT :

- Revivre la situation ou l'événement traumatique : L'individu revit constamment la situation ou l'événement traumatique à travers ses souvenirs, souvent sous forme d'images et de cauchemars. Cela peut également entraîner des réactions physiques et émotionnelles extrêmes comme la panique, les palpitations cardiaques ou la transpiration.

- Être extrêmement vigilant : la personne éprouve des difficultés de concentration, de l'irritabilité et de l'insomnie. Elle est facilement effrayée et sursaute et est toujours à l'affût de signes de danger.

- Éviter les rappels de la situation ou de l'événement : La personne évite délibérément les lieux, les activités, les personnes, les émotions ou les pensées qui sont liés à l'événement traumatique parce qu'ils lui rappellent des souvenirs pénibles.

- Sentiment d'engourdissement émotionnel : Cette personne a perdu tout intérêt pour les activités quotidiennes, se sent isolée de sa famille et de ses amis ou se sent émotionnellement engourdie.

Il est assez fréquent que les personnes souffrant de SSPT présentent également d'autres types de troubles anxieux. Ces autres troubles peuvent avoir été développés en réponse à l'événement traumatique ou être apparus après le SSPT lui-même. Les autres troubles courants auxquels cette personne peut être confrontée sont la dépression, le TAG et l'abus de drogues ou d'alcool.

Si une personne a vécu un événement traumatique impliquant une blessure, un abus, une torture ou la mort, elle peut ressentir les symptômes suivants du SSPT :

- Flashbacks de souvenirs ou de rêves de l'événement
- Si on vous rappelle l'événement, vous êtes physiquement et psychologiquement angoissé.
- Vous avez du mal à vous souvenir des parties importantes de cet événement.
- Vous avez une vision négative de vous-même ou des autres.
- Vous vous blâmez constamment ou blâmez d'autres personnes pour cet événement.
- Vous ressentez constamment des émotions de colère, de culpabilité ou de honte.
- Vous n'avez plus d'intérêt pour les choses que vous aimiez auparavant.
- Vous avez l'impression de vous couper des autres.
- Vous avez du mal à ressentir des émotions positives telles que l'excitation ou l'amour.
- Vous avez du mal à dormir (par exemple, insomnie ou cauchemars).
- Vous êtes facilement en colère ou irrité
- Vous vous retrouvez dans un comportement imprudent et autodestructeur.

- Vous avez du mal à vous concentrer
- Vous êtes toujours en alerte ou vigilant
- Vous êtes facilement effrayé.

Si une personne ressent plus de quatre des symptômes ci-dessus pendant plus d'un mois, il est probable qu'elle souffre de SSPT. Le SSPT est un trouble que tout le monde peut développer à la suite d'un événement traumatique. Toutefois, les personnes les plus exposées sont généralement celles qui ont participé à des événements impliquant un préjudice délibéré, comme une agression physique ou sexuelle. Outre l'événement lui-même, d'autres facteurs de développement du SSPT incluent des antécédents de problèmes de santé mentale, une vie stressante permanente ou un manque de soutien social.

Environ 12 % de la population a connu un PTSD au cours de sa vie. Dans le monde occidental, les accidents graves sont les principales causes de TSPT. Si vous venez de vivre un événement traumatique et que vous vous sentez très angoissé, commencez par en parler à votre médecin de famille pour obtenir un diagnostic. Plus le traitement sera précoce, plus il sera efficace pour vous aider.

En ce qui concerne le traitement du SSPT, de nombreuses personnes se rétablissent par elles-mêmes ou grâce au soutien de leurs amis et de leur famille. En raison de cette statistique, le traitement médical ne commence généralement pas avant au moins deux semaines après l'événement traumatique. Bien qu'un traitement formel ne soit généralement pas proposé tout de suite, il est important que, dans les premiers jours suivant l'événement, vous alliez chercher de l'aide et du soutien. Le soutien de la famille et des amis est crucial pour la plupart des personnes qui vivent un traumatisme. Il est utile de minimiser les autres événements stressants de la vie afin de permettre à la personne de consacrer plus de temps et d'efforts à son rétablissement. Les traitements du SSPT commencent généralement par un traitement psychologique, comme les thérapies par la parole telles que la TCC. Dans certains cas graves, des médicaments seront prescrits, mais ils ne sont généralement pas recommandés pour le SSPT.

Comment les troubles de l'anxiété sont-ils liés ?

Comme vous venez de l'apprendre, la plupart du temps, le fait d'avoir un trouble anxieux peut entraîner un risque plus élevé de développer d'autres troubles. Prenons l'exemple des TOC. Une personne qui souffre de TOC ressent souvent beaucoup de honte et de secret lorsqu'il s'agit de ses tendances compulsives. Souvent, elle ne veut pas montrer ses tendances à d'autres personnes. Cela crée alors une peur d'être en présence d'autres personnes. Le fait d'avoir peur d'interagir et d'être en présence d'autres personnes est également un signe de trouble social. Si un trouble anxieux n'est pas traité pendant une longue période, il est probable que ces symptômes fassent boule de neige et se transforment en d'autres.

Tous les troubles anxieux ont une chose en commun : l'inquiétude. Étant donné que l'inquiétude est la composante la plus importante de l'anxiété et qu'elle est en fait responsable de la génération de l'émotion d'anxiété, si une personne est incapable de gérer son inquiétude, elle risque de devenir anxieuse et de manifester des comportements anxieux. L'inquiétude à l'origine du trouble anxieux généralisé est la même que celle qui peut provoquer des troubles paniques. Lorsqu'une personne est confrontée à une quantité écrasante d'inquiétude, les facteurs environnementaux jouent un rôle dans la détermination du type de trouble dans lequel elle se manifeste. Prenons l'exemple de deux personnes, Bob et John. Bob et John sont tous deux confrontés à la même quantité d'inquiétude. Bob a grandi dans un environnement où ses parents avaient des comportements de nettoyage excessifs. Jean a grandi dans un environnement où il était timide et n'a jamais appris à sortir de sa timidité. En supposant que la quantité d'inquiétude à laquelle Bob et Jean sont confrontés est égale,

Bob est susceptible de développer un trouble obsessionnel-compulsif en raison de son exposition aux tendances au nettoyage de ses parents. En revanche, Jean risque de développer un trouble de l'anxiété sociale en raison de son enfance et du manque d'aide pour surmonter sa timidité.

Le facteur commun des troubles anxieux est l'inquiétude, qui se manifeste ensuite par l'anxiété. Les facteurs environnementaux influent sur ce que deviennent ces angoisses, ce qui affecte leur comportement. Comme nous l'avons vu précédemment, les personnes qui souffrent d'un trouble anxieux peuvent en développer un autre si le premier n'est pas traité dans un délai raisonnable.

Comment le mode de vie moderne contribue aux troubles de l'anxiété

Une question que l'on se pose souvent dans la société moderne est la suivante : "Y a-t-il une épidémie d'anxiété ?" Il semble que partout où nous allons, et chaque personne que nous connaissons est aux prises avec une sorte de trouble anxieux. Les médias parlent constamment de la dépression et de l'anxiété et il y a fort à parier qu'une grande partie des personnes que nous connaissons prennent des médicaments pour combattre leur(s) trouble(s) anxieux. Sommes-nous affectés par les mêmes formes d'anxiété que nos ancêtres ? La réponse est que la façon dont l'anxiété se manifeste chez les gens n'a pas vraiment changé au fil du temps, et que nous sommes en fait toujours affectés par les mêmes formes d'anxiété que nos ancêtres. Cependant, ce qui a changé dans l'anxiété, ce sont les déclencheurs auxquels nous sommes confrontés. Les causes traditionnelles d'anxiété auxquelles l'homme est confronté sont toujours d'actualité. Par exemple, nous ressentons toujours de l'anxiété en raison de relations difficiles, d'une mauvaise santé, de la pauvreté, des désavantages et du chômage. Certaines de ces sources traditionnelles d'anxiété sont en augmentation à l'heure actuelle. Il s'agit notamment de la solitude, de facteurs relationnels indésirables comme le divorce, la violence et les abus, la négligence dans l'enfance, l'augmentation du stress et des heures de travail, et le sentiment accablant de ne pas avoir le contrôle de sa vie. Le sentiment de manque de contrôle est particulièrement répandu chez les jeunes de notre société qui sont confrontés à l'échec très tôt dans leur vie en raison de l'augmentation des tests éducatifs systématiques. Heureusement, certaines des sources d'anxiété les plus traditionnelles, telles que la pauvreté et la mauvaise santé, sont en déclin, mais cela crée un espace pour de nouvelles anxiétés telles que le stress des emplois modernes et l'inégalité des revenus.

En outre, la technologie et les médias modernes ont créé un ensemble entièrement nouveau de sources d'anxiété pour les générations actuelles. Oui, nous parlons bien des médias sociaux. La nécessité d'être connecté 24 heures sur 24 et 7 jours sur 7, la nécessité de mener plusieurs activités de front à tout moment, et la nécessité de se tenir au courant des alertes et des scénarios d'apocalypse. Dans un avenir proche, la quasi-totalité des appareils électroménagers de nos foyers seront connectés à l'internet et vous permettront d'accéder aux médias sociaux pour rester en ligne. Cela augmentera les craintes de piratage de données, d'usurpation d'identité, de trolling, de phishing et même de toilettage. Même nos simples ordinateurs sont source d'anxiété quotidienne : mots de passe oubliés, crashs de disques durs et transactions numériques quotidiennes. Toutes les transactions commencent à sembler très éloignées lorsqu'elles sont toutes effectuées par le biais de la technologie. La plupart du temps, tout ce que l'on veut, c'est parler à une personne réelle. Pour prolonger l'anxiété liée aux médias sociaux, saviez-vous que la plupart des enfants de moins de 20 ans n'ont jamais vécu sans médias sociaux ? Les recherches actuelles ont associé l'utilisation des médias sociaux à l'anxiété sociale. La recherche propose que l'anxiété sociale et la solitude peuvent générer des sentiments de déconnexion lorsque nous regardons constamment les vies riches et réussies des autres. Une autre conséquence de l'utilisation des médias sociaux est que les jeunes suivent leur réussite sociale et leur statut à l'aide de mesures telles que le nombre d'adeptes ou d'amis qu'ils ont sur leurs médias sociaux. Cette mesure est différente de la méthode traditionnelle qui consistait à compter le nombre d'amis authentiques.

En plus des nombreuses anxiétés nouvelles et modernes, on observe un changement croissant de la culture sociale concernant l'anxiété. Ce changement est très contradictoire en termes de messages qu'il envoie à la société. On nous dit constamment que l'anxiété est un sentiment approprié en réponse au stress moderne. L'anxiété est presque utilisée comme un symbole de statut social qui montre à quel point vous avez du succès et êtes occupé. Cependant, on nous dit aussi que l'excès d'anxiété nécessite un traitement. Le diagnostic des différentes catégories d'anxiété a explosé au cours des trente dernières années. L'industrie pharmaceutique n'a jamais été aussi désireuse de médicaliser l'anxiété pour pouvoir nous vendre un remède pharmaceutique. Cette situation a donné lieu à de nombreuses campagnes sociales au fil des ans visant à sensibiliser les gens aux troubles mentaux (par exemple, la dépression et l'anxiété), à les déstigmatiser, à les diagnostiquer et à les traiter.

Bien que notre épidémie d'anxiété semble menaçante, ce n'est pas tout à fait le cas. Selon les recherches, 20 % des personnes souffrent d'un niveau d'anxiété extrêmement élevé, mais il n'y a en fait aucune preuve de la croissance de ce ratio. Si le ratio reste à 20 %, en raison de la croissance de notre population, le nombre de personnes souffrant d'anxiété augmentera également. Comme de plus en plus de personnes sont confrontées à des troubles anxieux, plus de personnes chercheront à se faire soigner, car nous continuons à sensibiliser à la santé mentale. D'autre part, 40 % des personnes connaissent de faibles niveaux d'anxiété et ne seront pas motivées pour chercher un traitement, à moins de traverser un événement ou une période très pénible de leur vie.

Heureusement, de nouveaux traitements psychologiques, tels que la thérapie cognitivo-comportementale, sont constamment développés pour traiter ceux qui souffrent d'anxiété. La TCC a été introduite dans de nombreux pays et a permis d'établir des programmes efficaces. Cependant, même avec les traitements les plus récents, nous sommes encore loin de pouvoir aider 100 % des personnes à se remettre de leurs troubles mentaux. Les troubles tels que le TAG et le TOC peuvent être des maladies débilitantes qui durent toute la vie. Dans certains cas, le TAG et le TOC sont très résistants, même lorsqu'ils sont exposés à des médicaments et à de multiples psychothérapies. La seule façon d'aider davantage de personnes souffrant de troubles anxieux est de continuer à financer la recherche dans le but d'affiner et de développer des thérapies.

Vous vous demandez probablement encore s'il existe vraiment une épidémie d'anxiété à l'heure actuelle. La réponse est oui, nous avons une épidémie, mais c'est aussi le cas de toutes les générations précédentes. La différence, c'est que la recherche nous a permis d'en prendre conscience et qu'on en parle davantage aujourd'hui qu'auparavant. Une autre différence est que nous avons remplacé les anciennes anxiétés obsolètes par un tout nouvel ensemble qui évolue constamment. Nous devons relever le défi et continuer à essayer de comprendre les causes modernes de l'anxiété et les souffrances qu'elle entraîne afin de faire face au coût économique pour la société. Nous devons continuer à développer de nouveaux programmes thérapeutiques plus efficaces, adaptés à la lutte contre les troubles anxieux modernes.

Comment les troubles de l'anxiété sont-ils diagnostiqués ?

Diagnostiquer l'anxiété est loin d'être simple. Contrairement aux maladies physiques, elle n'est pas causée par un germe ou une bactérie que l'on peut détecter par une analyse de sang. L'anxiété se manifeste sous de nombreuses formes et peut également être le symptôme d'autres affections existantes. Pour diagnostiquer correctement l'anxiété, il faut procéder à un examen physique. Cela permettra à votre médecin de déterminer si d'autres problèmes de santé sont à l'origine de vos symptômes d'anxiété ou si votre anxiété masque d'autres symptômes. En général, il est nécessaire de connaître les antécédents médicaux personnels complets pour établir un diagnostic complet.

La règle générale est que vous devez être 100% honnête avec le médecin qui établit votre diagnostic. De nombreux facteurs contribuent à l'anxiété ou peuvent être affectés par elle. Il s'agit notamment de :

- Hormones
- Maladies spécifiques
- Consommation de café et/ou d'alcool
- Médicaments

Certaines affections médicales peuvent également provoquer des symptômes qui ressemblent à de l'anxiété. Les symptômes physiques de l'anxiété comprennent :

- Essoufflement
- Un cœur qui s'emballe
- Transpiration
- Secouer
- Frissons ou bouffées de chaleur
- Nausées
- Douleur thoracique
- Vomissements
- Diarrhée
- Miction fréquente
- Sécheresse buccale

Il est très probable que votre médecin vous fasse passer divers examens physiques afin d'écarter la possibilité d'affections médicales imitant les symptômes de l'anxiété. Les conditions médicales qui partagent des symptômes similaires à ceux de l'anxiété sont les suivantes :

- Asthme
- Crise cardiaque
- Sevrage lié à la toxicomanie

- Effets secondaires des médicaments contre le diabète ou l'hypertension artérielle
- Sevrage de médicaments utilisés pour traiter les troubles du sommeil ou l'anxiété
- Hyperthyroïdie
- Ménopause
- Angine de poitrine

Après avoir écarté les conditions médicales, votre médecin peut vous suggérer de remplir des questionnaires d'auto-évaluation avant d'effectuer d'autres tests. Cela peut vous aider à reconnaître si vous souffrez d'un trouble anxieux ou non ; vous réagissez à un événement ou à une situation angoissante. Si les auto-évaluations révèlent la possibilité d'un trouble anxieux, votre médecin peut vous recommander de passer une évaluation clinique ou d'avoir un entretien structuré avec vous.

Chapitre 3 : Qu'est-ce que la dépression ?

L'anxiété et la dépression sont les troubles les plus courants auxquels les gens sont confrontés de nos jours. Mais qu'est-ce que la dépression ? La définition du dictionnaire de la dépression est la suivante : "sentiments de découragement et d'abattement graves". Gardez à l'esprit que la dépression n'est pas la même chose que les sentiments de tristesse ou de deuil. La mort d'un être cher ou la fin d'une relation sont deux expériences très difficiles à vivre et à supporter pour une personne. Pendant ces moments difficiles, il est tout à fait normal de ressentir de la tristesse et du chagrin en réaction à ces situations. Les personnes qui vivent une perte peuvent souvent se décrire comme étant "déprimées".

Cela dit, être triste n'est pas la même chose que d'avoir un trouble dépressif. Le processus de deuil d'une personne est unique à chaque individu, mais il partage beaucoup des mêmes sentiments qu'un trouble dépressif. La dépression et les sentiments de deuil impliquent tous deux des sentiments de tristesse et de retrait des activités habituelles d'une personne. Voici quelques éléments importants qui expliquent pourquoi ils sont différents :

- Lorsqu'une personne ressent des émotions de deuil, ses sentiments douloureux arrivent souvent par vagues. Ils sont généralement mêlés à des souvenirs positifs de la personne décédée. Lorsqu'une personne ressent un chagrin intense, son intérêt et son humeur diminuent pendant environ deux semaines.

- Lorsqu'une personne est en deuil, son estime de soi ne change généralement pas beaucoup. Lorsqu'une personne souffre de dépression, elle éprouve constamment des sentiments de dégoût de soi et d'inutilité.

- Pour la plupart des gens, le décès d'un être cher peut provoquer une dépression majeure. Pour d'autres personnes, il peut s'agir de la perte de leur emploi ou d'une agression physique. Lorsque la dépression et le deuil coexistent, le deuil est généralement un sentiment plus grave et dure plus longtemps que le deuil sans dépression. Il existe un certain chevauchement entre la dépression et le deuil, mais malgré cela, ils restent différents. Il est nécessaire d'aider une personne à faire la distinction entre le deuil et la dépression afin de l'aider à obtenir de l'aide, un soutien ou un traitement.

La science derrière la dépression

L'une des choses les plus importantes pour une personne qui traite sa dépression est d'en avoir une compréhension très approfondie. Sinon, elle risque de mettre sa dépression sur le compte d'autres facteurs malsains, comme son apparence physique, sa personnalité, sa vie sociale ou son absence de vie sociale. Il existe de nombreuses théories sur les causes de la dépression, mais des recherches approfondies ont montré que cet état est principalement dû à des facteurs individuels complexes. La théorie la plus largement acceptée est celle de l'irrégularité de la chimie du cerveau.

Les personnes qui souffrent de dépression sont parfois capables de faire le lien entre leur maladie et une circonstance ou un événement spécifique, par exemple un traumatisme qui leur est arrivé. Cependant, il n'est pas rare non plus que les gens se demandent pourquoi ils sont déprimés parce qu'ils ont l'impression de ne pas avoir de raison de l'être. Dans ces deux cas, il peut être très utile d'apprendre la science et les théories qui sous-tendent la dépression afin de comprendre sa propre version de la dépression.

Les chercheurs dans ce domaine ont émis l'hypothèse que, pour certaines personnes, la dépression peut être causée par un manque de substances telles que les neurotransmetteurs dans le cerveau humain, ce qui peut provoquer la dépression. En rétablissant certaines de ces substances chimiques du cerveau et en trouvant un équilibre sain, on peut atténuer les symptômes de la dépression chez certaines personnes. C'est là qu'interviennent les médicaments tels que les antidépresseurs. Nous aborderons les différentes classes et les différents types d'antidépresseurs plus loin dans ce livre.

Cette théorie semble être la plus simple à aborder. Je veux dire, c'est juste une question de biologie, de mathématiques et de prescription qui peut remettre quelqu'un sur les rails, n'est-ce pas ? C'est faux. Bien que cela semble simple, la dépression est une maladie extrêmement complexe à traiter. Ce n'est pas parce qu'une personne a réussi à traiter sa dépression à l'aide de médicaments que la personne suivante peut réussir avec la même méthode. Même une méthode de traitement qui a fonctionné avec succès pendant un certain temps peut lentement perdre de son efficacité avec le temps, voire cesser complètement de fonctionner. Cela se produit pour de nombreuses raisons que les scientifiques tentent toujours de comprendre. Les chercheurs sont toujours fortement investis dans ce domaine de la science pour continuer à tenter de comprendre plus profondément les mécanismes de la dépression, y compris les substances chimiques présentes dans notre cerveau, dans l'espoir de trouver davantage d'explications et de preuves de ces complexités afin de continuer à développer davantage de méthodes de traitement pour les personnes.

La dépression reste une affection aux multiples facettes. Cependant, le simple fait de connaître ou d'être conscient de la composante chimique du cerveau d'une personne s'avère très utile pour les professionnels de la santé mentale et de la médecine, ainsi que pour les personnes souffrant de troubles dépressifs. Vous trouverez ci-dessous un résumé de la science reconnue derrière un trouble dépressif :

Neurotransmetteurs

Pour simplifier, les "messagers" chimiques de notre cerveau sont appelés neurotransmetteurs. Les cellules nerveuses de notre cerveau utilisent ces messagers, appelés neurotransmetteurs, pour communiquer entre elles. Nous pensons que les messages qu'ils envoient jouent un rôle énorme dans la régulation de l'humeur d'une personne. Les trois neurotransmetteurs qui sont responsables de la dépression sont :

- Dopamine
- Sérotonine
- Norepinephrine

Outre ces neurotransmetteurs, il en existe d'autres qui envoient également des messages dans le cerveau d'une personne. Il s'agit du GABA, de l'acétylcholine et du glutamate. Les scientifiques étudient encore le rôle spécifique que jouent ces substances chimiques dans le cerveau lorsqu'il s'agit de la dépression d'une personne ou d'autres troubles mentaux comme la fibromyalgie et la maladie d'Alzheimer.

Apprenons un peu plus sur la façon dont nos cellules communiquent avec nos neurotransmetteurs. Une synapse est l'espace entre deux cellules nerveuses. Lorsque deux cellules veulent communiquer l'une avec l'autre, nos neurotransmetteurs peuvent être emballés puis libérés par la cellule pour que la cellule destinataire les reçoive. Lorsque ces neurotransmetteurs emballés voyagent à travers l'espace, les cellules postsynaptiques peuvent capter ces récepteurs si elles recherchent un produit chimique spécifique. Par exemple, les récepteurs de la sérotonine vont chercher à capter les molécules de sérotonine. S'il reste des molécules en excès dans cet espace, la cellule présynaptique les rassemblera et les utilisera dans une autre communication en les retraitant. Les différents types de neurotransmetteurs véhiculent des messages différents qui jouent un rôle spécifique dans la création de la chimie du cerveau d'une personne. On pense qu'un déséquilibre de ces substances chimiques joue un rôle important dans la dépression ou d'autres problèmes de santé mentale.

Norepinephrine

La norépinéphrine joue un double rôle de neurotransmetteur et d'hormone. Elle est responsable de la réaction de "combat ou de fuite" que ressentent les humains, y compris l'adrénaline. Elle aide à transmettre des messages entre les cellules. Dans les années 60, des scientifiques ont suggéré que la substance chimique d'intérêt était la norépinéphrine lorsqu'il s'agissait du cerveau humain et de la dépression. Ces scientifiques ont proposé la "catécholamine" comme hypothèse de tous les troubles de l'humeur. Ils ont suggéré que la dépression survenait lorsqu'il n'y avait pas assez de norépinéphrine dans le cerveau humain. Par ailleurs, les troubles maniaques surviennent lorsque le cerveau d'une personne a trop de norépinéphrine. Bien qu'il existe de nombreuses preuves à l'appui de cette affirmation, elle a été remise en question par de nombreux autres chercheurs. Tout d'abord, ils ont découvert que les variations du taux de noradrénaline n'affectent pas l'humeur de chaque personne. En outre, la dépression peut être atténuée chez certaines personnes en modifiant les niveaux de norépinéphrine. Enfin, les chercheurs d'aujourd'hui ont compris qu'un faible taux de norépinéphrine n'est pas la seule cause chimique de la dépression.

Sérotonine

La sérotonine est l'une des substances chimiques les plus connues de la population générale. Presque tout le monde sait que la sérotonine est la substance chimique qui permet de se sentir bien dans le cerveau d'une personne. Non seulement la sérotonine aide à réguler l'humeur d'une personne, mais elle a également une variété de fonctions différentes dans le corps humain, allant de la coagulation du sang à la fonction sexuelle. En ce qui concerne la dépression, les chercheurs ont concentré leur temps et leurs efforts sur la sérotonine au cours des 20 dernières années. Tout cela grâce à l'invention d'antidépresseurs comme le Prozac ou d'autres ISRS, c'est-à-dire des inhibiteurs sélectifs du recaptage de la sérotonine. Comme le nom ISRS l'indique, ces types de médicaments agissent sur les molécules de sérotonine. Quelques médecins célèbres ont proposé à l'origine que de faibles niveaux de sérotonine entraînent une baisse de la norépinéphrine, mais les niveaux de sérotonine peuvent être manipulés par l'utilisation de médicaments pour augmenter la norépinéphrine. Un autre type d'antidépresseurs, les antidépresseurs tricycliques (TCA), a également la capacité d'agir à la fois sur la sérotonine et la noradrénaline. Cependant, ils agissent également sur l'histamine et l'acétylcholine. Les effets secondaires des TCA sont les suivants : sécheresse des yeux et de la bouche, sensibilité à la lumière, goût particulier dans la bouche, vision trouble, hésitation urinaire et constipation. Par conséquent, les ISRS n'ont aucun effet sur les niveaux d'acétylcholine et d'histamine et n'offrent pas les mêmes effets secondaires que les TCA. Pour cette raison, les médecins et les personnes déprimées ont tendance à opter pour les TCA ou d'autres classes d'antidépresseurs.

Dopamine

La troisième substance chimique qui joue un rôle important dans l'humeur d'une personne est la dopamine. La substance chimique dopamine est également très connue, et les gens savent qu'elle est responsable du bonheur et de l'humeur. Les sentiments positifs liés au renforcement et à la récompense sont créés par la dopamine, qui aide les gens à rester motivés pour poursuivre une activité ou une tâche. Les scientifiques pensent également que la dopamine joue un rôle important dans de nombreuses maladies du cerveau, notamment la schizophrénie et la maladie de Parkinson. Certaines données montrent qu'une baisse des niveaux de dopamine contribue à la dépression chez certaines personnes. Lorsque les gens passent par de nombreux traitements qui échouent, les médecins ont prescrit des médicaments qui agissent comme la dopamine et ont trouvé le succès dans ce domaine. Il faut cependant garder à l'esprit que la plupart des médiations utilisées pour la dépression prennent généralement plus de 6 semaines pour être efficaces. De nos jours, les chercheurs s'efforcent également de déterminer si les agents dopaminergiques contenus dans les médicaments peuvent produire un résultat plus rapide dans le traitement de la dépression. Cependant, nous devons tenir compte du fait que l'utilisation de la dopamine comme médicament présente quelques inconvénients majeurs. La production de dopamine peut également être stimulée par des drogues récréatives telles que l'alcool, les opiacés et la cocaïne. Il n'est pas rare que des personnes s'automédicamentent lorsqu'elles sont déprimées en consommant ces substances. Lorsqu'une personne active le cycle de récompense de la dopamine en consommant des substances, elle peut développer une dépendance.

Faibles niveaux de neurotransmetteurs

Si nous comprenons que la dépression est causée par de faibles niveaux de neurotransmetteurs, la question suivante se pose alors : quelles sont les causes exactes de faibles niveaux de norépinéphrine, de dopamine ou de sérotonine pour commencer ? Des recherches récentes ont mis en évidence quelques causes potentielles de déséquilibres chimiques dans le cerveau d'une personne. Il s'agit notamment de :

- Pas assez de sites récepteurs disponibles pour recevoir les neurotransmetteurs
- La production d'un neurotransmetteur spécifique est insuffisante.
- Pas assez de molécules qui sont responsables de la construction des neurotransmetteurs
- Les cellules présynaptiques absorbent les neurotransmetteurs avant qu'ils n'aient la possibilité d'être reçus par la cellule destinataire.
- Les molécules qui sont responsables de la fabrication des neurotransmetteurs s'épuisent.

Une interruption n'importe où dans le processus total peut entraîner une baisse des niveaux de neurotransmetteurs. De nombreuses nouvelles théories se concentrent sur les facteurs qui provoquent de faibles niveaux, par exemple le stress mitochondrial. L'une des principales difficultés rencontrées par les médecins et les chercheurs pour établir un lien entre les faibles niveaux de substances chimiques du cerveau et la dépression est qu'il n'existe pas de méthode permettant de les mesurer de manière cohérente et précise. D'autres parties du corps humain sont également responsables de la fabrication des neurotransmetteurs. Ces quantités doivent également être mesurées et prises en compte lorsqu'il s'agit de diagnostiquer une dépression et de trouver la méthode de traitement la plus efficace.

Types de dépression

Comme nous l'avons mentionné précédemment, la dépression est différente pour chacun, et par conséquent, des personnes différentes nécessitent des méthodes de traitement différentes. La dépression n'est pas une maladie à taille unique ; elle se présente sous de nombreuses formes. Lorsqu'une personne reçoit un diagnostic de dépression, les médecins en définissent la gravité en déterminant si elle est légère, modérée ou majeure. Déterminer cela peut être une tâche compliquée, mais savoir de quel type de dépression vous souffrez peut vous aider à gérer vos symptômes et à trouver la dépression la plus efficace pour votre type spécifique de dépression. Découvrons quelques types différents :

Dépression légère et modérée

Les types de dépression les plus courants sont la dépression légère et la dépression modérée. Ce type de dépression est plus qu'un simple sentiment de "tristesse" ou de "mélancolie". Les symptômes de ce type de dépression perturbent souvent la vie des gens en les privant de motivation et de joie. Ces symptômes peuvent être amplifiés dans le cas d'une dépression modérée et entraînent souvent une baisse de l'estime de soi et de la confiance en soi.

Un type de dépression "de faible intensité" est appelé dysthymie. Lorsqu'une personne est atteinte de dysthymie, elle se sent le plus souvent légèrement ou modérément déprimée, mais elle peut avoir de brèves périodes d'humeur normale. Voici quelques traits caractéristiques de la dysthymie :

- Les symptômes de la dysthymie ne sont pas aussi graves ou forts que ceux de la dépression majeure, mais ils ont tendance à durer longtemps (au moins deux ans).
- Certaines personnes signalent qu'elles connaissent des épisodes dépressifs intenses en plus de la dysthymie, c'est ce qu'on appelle la "double dépression".
- Lorsqu'une personne souffre de dysthymie, elle peut avoir l'impression d'avoir été déprimée toute sa vie. Elle

peut penser que sa mauvaise humeur constante est "juste ce qu'elle est".

Dépression majeure

La dépression majeure est une forme moins courante de dépression légère ou modérée ; elle se caractérise par des symptômes graves et incessants. Voici deux caractéristiques de la dépression majeure :

- Si la dépression majeure n'est pas traitée, elle dure généralement environ 6 mois.
- Bien que certaines personnes ne connaissent qu'un seul épisode dépressif dans leur vie, la dépression majeure peut être un trouble récurrent tout au long de la vie.

Dépression atypique

La dépression atypique est un sous-type de dépression majeure très courant qui présente des schémas de symptômes spécifiques. Elle réagit mieux à certains médicaments et thérapies qu'à d'autres. L'identification de ce type de dépression est très utile lorsqu'il s'agit de prescrire un traitement. Voici quelques traits qui permettent de mieux le décrire :

- Les personnes qui souffrent de dépression atypique connaissent généralement une augmentation temporaire de leur humeur en réponse à des événements positifs. Il peut s'agir de passer du temps avec des amis ou de recevoir une bonne nouvelle.
- La dépression atypique comprend une augmentation de l'appétit, une prise de poids, un sommeil excessif, une sensibilité au rejet et une "sensation de lourdeur" dans les bras et les jambes.

Trouble affectif saisonnier (TAS)

Bien que beaucoup de gens pensent que ce type de dépression n'est qu'un mythe, il s'agit d'une condition réelle. Chez certaines personnes, la réduction de la durée du jour en hiver peut entraîner un type de dépression appelé trouble affectif saisonnier (TAS). Bien qu'il ne s'agisse pas d'un type de dépression populaire, le TAS touche 1 à 2 % de la population générale, principalement les jeunes et les femmes. Le TAS peut amener une personne à se sentir complètement différente de celle qu'elle est en été. Les gens ont tendance à se sentir stressés, tristes, désespérés, tendus et à ne pas s'intéresser aux amis ou aux activités qu'ils aiment normalement. Le TAS commence généralement en automne ou en hiver, lorsque les jours sont courts, et reste jusqu'à l'arrivée des jours plus lumineux du printemps.

Symptômes de la dépression

L'une des parties les plus importantes de ce chapitre est l'apprentissage des symptômes de la dépression. En comprenant quels symptômes sont causés par la dépression, on peut aider les gens à faire la différence entre une période de deuil et un véritable trouble dépressif. Lorsqu'une personne se sent triste, a des pensées négatives ou a du mal à dormir, cela ne signifie pas nécessairement qu'elle souffre de dépression. Pour qu'une personne soit diagnostiquée comme souffrant d'un trouble dépressif, elle doit présenter ces caractéristiques :

- Les symptômes de la personne doivent être nouveaux pour elle ou s'aggraver sensiblement par rapport à ce qu'ils étaient avant l'épisode dépressif.
- Les symptômes de la personne doivent persister pendant la majeure partie de la journée et être aussi constants que presque tous les jours pendant au moins deux semaines consécutives.
- L'épisode que connaît cette personne doit également s'accompagner d'une altération du fonctionnement ou d'une détresse cliniquement significative.

Lorsque vous commencez à soupçonner que vous souffrez d'un trouble dépressif, il est extrêmement important de discuter de TOUS les symptômes que vous pouvez ressentir. L'objectif des traitements de la dépression est d'aider les gens à se sentir à nouveau eux-mêmes, afin qu'ils soient en mesure d'apprécier les choses qu'ils avaient l'habitude de faire. Pour y parvenir, les professionnels doivent être en mesure de trouver le bon traitement afin d'atténuer et de traiter tous leurs symptômes. Même si une personne se voit prescrire des médicaments adaptés à son type de dépression, cela peut prendre un certain temps. En fait, certaines personnes doivent essayer différents médicaments jusqu'à ce qu'elles trouvent celui qui fonctionne le mieux pour leur organisme spécifique. L'objectif du traitement de la dépression n'est pas seulement de guérir, il s'agit surtout de rester en bonne santé.

Tout au long de ce livre, nous devons nous rappeler que la dépression n'est pas un simple changement d'humeur ou un moment de "faiblesse". La dépression est une véritable affection médicale qui présente de nombreux symptômes comportementaux, physiques, émotionnels et cognitifs. Nous allons commencer à parler des différents types de symptômes de la dépression.

Symptômes émotionnels

Les symptômes les plus courants de la dépression sont les symptômes émotionnels. Ces symptômes sont ceux que vous ressentez et qui affectent votre état d'esprit. Voici des exemples de quelques symptômes émotionnels que les personnes souffrant de dépression doivent endurer :

- **Tristesse constante :** Ce symptôme est le sentiment de tristesse qui survient chez une personne déprimée sans raison apparente. Ce sentiment peut être très intense ; on a souvent l'impression que rien ne peut le faire disparaître.

- **Sentiment de dévalorisation :** Une personne déprimée éprouve souvent des sentiments irréalistes de dévalorisation ou de culpabilité. En général, il n'y a pas d'événement spécifique qui provoque ces sentiments ; ils surviennent au hasard.

- **Pensées suicidaires ou sombres :** Ces types de pensées peuvent survenir très fréquemment au cours de la dépression d'une personne. Ces pensées doivent être prises très au sérieux, et lorsqu'une personne éprouve ces émotions, elle doit demander de l'aide immédiatement.

- **Perte d'intérêt ou de plaisir pour des activités qui étaient auparavant appréciées :** Une personne déprimée peut connaître une perte d'intérêt qui affecte tous les domaines de sa vie. Cela peut aller de l'absence de plaisir dans ses anciens passe-temps aux activités quotidiennes qu'elle appréciait auparavant.

Symptômes physiques

Les symptômes physiques jouent un rôle énorme dans la dépression d'une personne. En général, lorsqu'une personne présente des symptômes physiques, elle est sur le point de découvrir qu'elle peut souffrir de dépression. De nombreuses personnes pensent que la dépression se limite à des symptômes émotionnels, mais c'est faux. Voici quelques symptômes physiques de la dépression :

- **Faible énergie : les** personnes souffrant de dépression ont généralement toujours l'impression de manquer d'énergie, même si elles n'ont pas fait d'effort. Ce type de fatigue dépressive est différent dans le sens où ni le sommeil ni le repos ne peuvent atténuer cette fatigue.
- **Troubles psychomoteurs : La** dépression peut donner à une personne l'impression que tout est ralenti. Il peut s'agir d'un ralentissement de l'élocution, des mouvements du corps, de la pensée, d'un discours à faible volume, de longues pauses avant de répondre, de l'inflexion ou du mutisme.

- **Maux et douleurs : la** dépression peut souvent provoquer des douleurs physiques. Il peut s'agir de douleurs articulaires, de maux d'estomac, de maux de tête, de maux de dos ou d'autres douleurs).

- **Insomnie ou hypersomnie :** Lorsqu'une personne est déprimée, son sommeil est souvent fragmenté et peu réparateur. Lorsque la personne se réveille, elle est généralement en proie à une certaine forme d'angoisse mentale qui l'empêche de se rendormir. Dans d'autres cas, c'est l'inverse : la personne dort excessivement.

- **Changement de poids :** un changement de poids d'une personne est un signe important pour les professionnels qui diagnostiquent une dépression.

Symptômes comportementaux

Outre les symptômes émotionnels et physiques, les symptômes comportementaux jouent également un rôle important dans le diagnostic de la dépression. Voici quelques symptômes comportementaux :

- **Changement d'appétit :** le plus courant de tous les symptômes comportementaux de la dépression est une diminution de l'appétit. Les personnes dépressives déclarent que les aliments leur semblent insipides, et elles pensent que toutes les portions sont trop importantes. Par conséquent, certaines personnes augmentent plutôt leur consommation de nourriture, en particulier d'aliments sucrés, ce qui peut entraîner une prise de poids.

- **Impression d'agitation :** Chez certaines personnes, la dépression les rend très nerveuses et agitées. Elles peuvent avoir du mal à rester assises sans bouger, à ne pas faire les cent pas, à ne pas tripoter des objets ou à se tordre les mains.

Symptômes cognitifs

Les symptômes cognitifs sont l'un des symptômes dont on parle le moins lorsqu'il s'agit de dépression. Celui-ci est difficile à diagnostiquer, car de nombreuses personnes ne savent pas si elles le ressentent. Le principal symptôme cognitif de la dépression est le suivant :

- **Difficulté à prendre des décisions ou à se concentrer :** Une personne déprimée peut être amenée à éprouver une moindre capacité de concentration ou de réflexion. Cela l'amène à présenter des comportements d'indécision.

Chapitre 4 : Avantages et inconvénients de la thérapie cognitivo-comportementale

Comme nous l'avons vu dans le chapitre précédent, nous avons appris que la TCC pouvait être aussi efficace, sinon plus, que les médicaments lorsqu'il s'agit de traiter l'anxiété et la dépression. Pour que la TCC soit efficace, l'individu doit adopter une approche engagée. Nous allons examiner ci-dessous les avantages et les inconvénients de la TCC pour lutter contre les troubles anxieux.

Avantages de la TCC

1. Des études ont montré que la thérapie cognitivo-comportementale est aussi efficace que les médicaments lorsqu'il s'agit de traiter les troubles anxieux et d'autres troubles de la santé mentale.
2. La TCC est sensible au temps - elle peut être réalisée en peu de temps par rapport à d'autres types de thérapies comportementales.
3. La TCC est très structurée, ce qui signifie qu'elle peut être utilisée sous différentes formes. Il s'agit notamment de

livres d'auto-assistance, de groupes et de programmes informatiques.

4. Pendant la TCC, vous apprenez des compétences utiles et pratiques que vous pouvez intégrer dans votre vie quotidienne. Cela peut vous aider à faire face au stress actuel et aux difficultés futures.

Inconvénients de la TCC

1. Pour bénéficier pleinement de la TCC, vous devez vous engager dans le processus. Un thérapeute peut être là pour vous aider et vous conseiller, mais il ne peut pas vous aider à résoudre vos problèmes sans votre coopération.

2. La nature structurée de la TCC peut ne pas convenir aux personnes souffrant de troubles de l'apprentissage ou de problèmes de santé mentale plus complexes.

3. Certaines personnes affirment que la TCC n'aide qu'à résoudre les problèmes actuels et les questions spécifiques ; elle ne tient pas compte de la possibilité de causes sous-jacentes aux problèmes de santé mentale. Par exemple, une enfance malheureuse.

4. La TCC se concentre souvent sur la capacité de l'individu à changer ses pensées, ses sentiments et ses comportements, mais n'aborde pas un ensemble plus

large de problèmes lorsqu'il s'agit de systèmes ou de familles. Ces problèmes ont généralement un impact important sur la santé et le bien-être d'une personne.

En conclusion, la TCC est efficace lorsqu'il s'agit de vous aider à gérer des problèmes tels que l'anxiété, pour qu'ils aient moins de chances d'avoir un impact négatif sur votre vie. Cependant, il y a toujours un risque que les sentiments que vous associez à vos problèmes reviennent, mais si vous comprenez et savez comment utiliser vos compétences en TCC, il devrait vous être facile de les contrôler. Si vous pratiquez la TCC avec un thérapeute ou dans le cadre d'un programme, il est important de mettre en pratique les compétences acquises, même lorsque les séances sont terminées.

Chapitre 5 : Utiliser la TCC pour gérer votre anxiété et votre dépression

Nous abordons maintenant notre sujet le plus important. Comment la TCC fonctionne-t-elle pour traiter l'anxiété et la dépression ? Nous savons que la base de la TCC est fondée sur la relation entre les pensées, les émotions et les comportements, et nous savons également que le contrôle de nos pensées conduira à un contrôle du comportement également. La première étape de la TCC consiste à apprendre à contrôler son inquiétude. En prenant le contrôle de votre inquiétude, elle n'aura pas l'occasion de se manifester en anxiété et en dépression.

Styles de pensée inutiles

Pour utiliser efficacement la TCC, vous devez comprendre les différents types de distorsions cognitives, autrement appelées "styles de pensées inutiles". En connaissant ces différents styles, vous êtes en mesure d'identifier le moment où cela se produit et d'utiliser la TCC pour modifier cette pensée ou cette inquiétude. En déterminant si votre inquiétude est justifiée ou non, vous êtes en mesure de contrôler si votre inquiétude va ensuite conduire à l'anxiété. Vous trouverez ci-dessous les douze types de distorsions cognitives que vous devez apprendre :

1. La pensée du tout ou rien : C'est ce qu'on appelle la "pensée noire et blanche". Vous avez tendance à voir les choses en noir ou en blanc, en succès ou en échec. Si votre performance n'est pas parfaite, vous la verrez comme un échec.

2. La surgénéralisation : Vous voyez une seule situation négative comme un modèle qui ne s'arrête jamais. Vous tirez des conclusions sur des situations futures à partir d'un seul événement.

3. Filtre mental : Vous choisissez un seul détail indésirable, et vous vous y attardez exclusivement. Votre perception de la réalité devient négative à partir de ce détail. Vous ne remarquez que vos échecs, mais vous ne regardez pas vos réussites.

4. Disqualifier le positif : Vous écartez vos expériences positives ou vos succès en disant "ça ne compte pas". En écartant toutes vos expériences positives, vous pouvez maintenir une perspective négative même si elle est contredite dans votre vie quotidienne.

5. Vous sautez aux conclusions : Vous faites une supposition négative même si vous n'avez pas de preuves à l'appui. Il existe deux types de conclusions hâtives :

a. La lecture des pensées : Vous vous imaginez que vous savez déjà ce que les autres pensent négativement de vous, et vous ne prenez donc pas la peine de demander.

b. La voyance : Vous prédisez que les choses vont mal finir, et vous vous convainquez que votre prédiction est un fait.

6. Agrandissement/Minimisation : Vous gonflez les choses hors de proportion ou vous réduisez de façon inappropriée quelque chose pour le faire paraître sans importance. Par exemple, vous amplifiez la réussite de quelqu'un d'autre (grossissement) et vous minimisez la vôtre (minimisation).

7. Catastrophisation : Vous associez des conséquences terribles et extrêmes à l'issue de situations et d'événements. Par exemple, si vous êtes rejeté pour un rendez-vous, cela signifie que vous êtes seul pour toujours, et faire une erreur au travail signifie que vous serez licencié.

8. Le raisonnement émotionnel : Vous partez du principe que vos émotions négatives reflètent la réalité. Par exemple, "Je le ressens donc, par conséquent, c'est vrai".

9. Les énoncés "devrait" : Vous vous motivez en utilisant des "devrait" et des "ne devrait pas", comme si vous associiez une récompense ou une punition avant de faire quoi que

ce soit. Comme vous associez une récompense ou une punition à des "il faut" et des "il ne faut pas" pour vous-même, vous ressentez de la colère ou de la frustration lorsque les autres ne les respectent pas.

10. Étiquetage et mauvais étiquetage : Il s'agit d'une généralisation à l'extrême. Au lieu de décrire votre erreur, vous vous associez automatiquement une étiquette négative, "je suis un perdant". Vous faites de même pour les autres ; si le comportement d'une autre personne est indésirable, vous lui attribuez également l'étiquette de "perdant".

11. La personnalisation : Vous prenez la responsabilité de quelque chose qui n'était pas de votre faute. Vous vous considérez comme la cause d'une situation extérieure.

12. Tout à la fois, en biais : C'est lorsque vous pensez que les risques et les menaces sont juste devant votre porte, et que leur quantité augmente également. Lorsque cela se produit, vous avez tendance à :

    a. Pensez que les situations négatives évoluent plus vite que vous ne pouvez trouver des solutions.

    b. Vous pensez que les situations évoluent si rapidement que vous vous sentez dépassé.

    c. Pensez qu'il n'y a pas de temps à perdre entre maintenant et la menace imminente.

d. De nombreux risques et menaces semblent
apparaître en même temps.

En comprenant ces distorsions cognitives et ces styles de pensée
peu utiles, vous aurez la possibilité d'interrompre le processus et
de dire, par exemple, "Je suis en train de catastrophiser à
nouveau." Lorsque vous êtes en mesure d'interrompre votre
propre style de pensée non utile, vous êtes en mesure de le
réajuster à quelque chose qui est plus utile. Dans le prochain
chapitre, nous aborderons quelques conseils et astuces pour
vous aider à remettre en question vos propres distorsions
cognitives. Il s'agit de l'une des principales stratégies de la TCC.

Remettre en question vos styles de pensée inutiles

Une fois que vous êtes en mesure d'identifier votre propre style
de pensée inutile, vous pouvez commencer à essayer de
remodeler ces pensées en quelque chose de plus réaliste et
factuel. Dans ce chapitre, j'ai classé les différentes distorsions
cognitives et les questions que vous devriez vous poser pour
développer des pensées différentes.

Gardez à l'esprit qu'il faut beaucoup d'efforts et de dévouement
pour changer nos propres pensées, alors ne soyez pas frustré si

vous ne réussissez pas tout de suite. Vous avez probablement ces pensées depuis un certain temps, alors ne vous attendez pas à ce qu'elles changent du jour au lendemain.

Surestimation de la probabilité

Si vous pensez à une issue négative possible, mais que vous constatez que vous surestimez souvent la probabilité, essayez de vous poser les questions ci-dessous pour réévaluer vos pensées.

- Sur la base de mon expérience, quelle est la probabilité que cette pensée se réalise de manière réaliste ?
- Quels sont les autres résultats possibles de cette situation ? L'issue à laquelle je pense maintenant est-elle la seule possible ? Le résultat que je crains est-il le plus élevé parmi les autres résultats possibles ?
- Ai-je déjà vécu ce type de situation auparavant ? Si oui, que s'est-il passé ? Qu'est-ce que j'ai appris de ces expériences passées qui pourrait m'être utile maintenant ?
- Si un ami ou un être cher a ces pensées, que lui dirais-je ?

Catastrophisation

- Si la prédiction dont j'ai peur se réalise vraiment, à quel point ce serait grave ?
- Si je me sens gêné, combien de temps cela va-t-il durer ? Combien de temps les autres personnes s'en souviendront-elles ou en parleront-elles ? Quelles sont toutes les choses différentes qu'ils pourraient dire ? Est-il certain qu'ils ne parleront que de mauvaises choses ?
- Je me sens mal à l'aise en ce moment, mais est-ce vraiment un résultat horrible ou insupportable ?
- Quelles sont les autres possibilités d'évolution de cette situation ?
- Si un ami ou un être cher avait ces pensées, que lui dirais-je ?

Lecture des pensées

- Est-il possible que je sache vraiment ce que pensent les autres ? Quelles sont les autres choses auxquelles ils pourraient penser ?
- Ai-je des preuves pour étayer mes propres hypothèses ?
- Dans l'hypothèse où mon hypothèse est vraie, qu'y a-t-il de si mal à cela ?

Personnalisation

- Quels autres éléments pourraient jouer un rôle dans la situation ? Pourrait-il s'agir du stress, des délais ou de l'humeur de l'autre personne ?
- Est-ce que quelqu'un doit toujours être responsable ?
- Une conversation n'est jamais la responsabilité d'une seule personne.
- Est-ce que certaines de ces circonstances étaient hors de mon contrôle ?

Les déclarations devraient

- Est-ce que j'appliquerais les mêmes critères à un être cher ou à un ami ?
- Y a-t-il des exceptions ?
- Quelqu'un d'autre le fera-t-il différemment ?

Penser tout ou rien

- Existe-t-il un juste milieu ou une zone grise dont je ne tiens pas compte ?
- Est-ce que je jugerais un ami ou un être cher de la même manière ?

- La situation était-elle entièrement négative ? Y a-t-il un aspect de la situation que j'ai bien géré ?
- Est-ce qu'avoir/manifester de l'anxiété est une chose si horrible ?

Attention/mémoire sélective

- Quels sont les éléments positifs de la situation ? Est-ce que je les ignore ?
- Une personne différente verrait-elle cette situation différemment ?
- Quelles sont mes forces ? Est-ce que je les ignore ?

Croyances fondamentales négatives

- Est-ce que j'ai des preuves qui soutiennent mes croyances négatives ?
- Cette pensée est-elle vraie dans toutes les situations ?
- Un être cher ou un ami serait-il d'accord avec ma confiance en moi ?

Lorsque vous vous surprenez à utiliser ces schémas de pensée inutiles, posez-vous les questions ci-dessus pour commencer à changer vos propres pensées. N'oubliez pas que la base fondamentale de la TCC est l'idée que vos propres pensées influencent vos émotions, qui influencent ensuite votre comportement. En attrapant et en changeant vos pensées avant qu'elles ne s'emballent, vous maîtriserez vos émotions et votre comportement.

Exemples d'utilisation de la TCC pour traiter l'anxiété

À ce stade du livre, vous avez maintenant une idée de ce que sont la TCC, l'anxiété, l'inquiétude et les styles de pensée inutiles. Nous allons passer à des exemples concrets d'utilisation de la TCC pour traiter l'anxiété. Ces exemples sont basés sur des séances réelles de thérapie où la TCC est utilisée pour aider le client à remodeler ses pensées et à changer ses styles de pensée. Dans ces exemples, le thérapeute identifie les problèmes auxquels le client est confronté, puis commence à lui apprendre comment utiliser la TCC pour modifier ses pensées.

Exemple #1 (première session)

Harriett est âgée de 40 ans et a deux enfants, Jeremy et Lynn, âgés respectivement de 17 et 13 ans. Son mari s'appelle Michael, il est avocat et Harriett travaille comme designer dans une entreprise de décoration intérieure. Elle suit une thérapie en raison de ses attaques de panique récurrentes et a des antécédents de dépression. Voici la transcription ci-dessous entre Harriett et sa thérapeute, Michaela.

Harriett : Je n'ai pas été capable de fonctionner normalement à cause de mes récentes crises de panique. Mon cœur commence à s'emballer, et j'ai l'impression de commencer à suffoquer. Je commence juste à me concentrer sur ça. Je ne suis pas sûre en fait.

Michaela : Essaie de te concentrer dessus ; donne-moi une impression de ce qui se passe.

Harriett : Eh bien, en fait, la panique occupe tout mon corps. Je ne peux penser à rien d'autre. Mon cœur bat très vite et mon sang est chaud et s'emballe aussi. J'ai l'impression d'être en train de mourir. Je suis déjà allée trois fois aux urgences parce que je pensais que j'étais en danger.

Michaela : Donc vous vous sentez totalement préoccupé ?

Harriett : Michael, mon mari, était en retard, et il avait aussi égaré les clés de la voiture. Toute la situation était insensée. Après avoir rassemblé tout le monde, j'ai commencé à sangloter. Je pleurais tellement que c'était incontrôlable.

Michaela : Et qu'est-ce qui s'est passé après ça ?

Harriett : Eh bien, après m'être remise, j'ai commencé à me préparer pour le travail. Une fois dans ma voiture, je me suis figée. Mon cœur a recommencé à s'emballer et j'ai senti des picotements dans tous mes bras. J'ai cru que j'allais m'évanouir. Ma première réaction a été de me rendre aux urgences. J'ai donc téléphoné à Michael, mais il était encore trop bouleversé et en colère après l'incident du matin. Il m'a dit que je devais appeler quelqu'un d'autre pour m'emmener aux urgences. J'ai donc appelé ma seule autre option, mon fils Jeremy, et il a quitté l'école pour m'emmener aux urgences. Je me sentais tellement gênée. Une fois que j'ai été examinée par le médecin, elle a dit que je n'avais aucun problème.

Michaela : Qu'est-ce que tu en penses ?

Harriett : J'étais convaincue qu'il y avait définitivement quelque chose qui n'allait pas chez moi. Les sensations physiques que je ressentais étaient si réelles ; vous savez, les picotements et les battements de cœur ? Le médecin a suggéré qu'un psychiatre serait en mesure de m'aider.

Michaela : Donc vous avez pris un rendez-vous avec le psychiatre ?

Harriett : Oui, j'ai passé une série de tests, et tous mes résultats étaient négatifs. J'ai eu un autre rendez-vous avec un autre psychiatre le jour suivant et il m'a prescrit des médicaments qui semblent m'aider un peu.

Savez-vous quel genre de médicament on vous a prescrit ?

Harriett : Je pense que c'était des antidépresseurs. Je ne suis pas tout à fait sûre.

Michaela : Avez-vous déjà été déprimée auparavant ?

Harriett : Oui, je le pense. J'ai l'impression d'avoir lutté contre des épisodes de dépression tout au long de ma vie.

Michaela : Donnez-moi quelques exemples de vos combats avec la dépression.

Harriett : Eh bien, par exemple, j'ai l'impression de me battre en ce moment. Mon mari est avocat, ce qui signifie qu'il est pratiquement occupé toute la journée, tous les jours. Jeremy est un adolescent et est également toujours occupé. Lynn devient une adolescente et en est au stade où elle a l'impression que sa mère a toujours tort. J'ai l'impression de marcher sur des œufs tout le temps. J'ai constamment l'impression que je ne vaux rien. J'ai l'impression que tout espoir est perdu.

Michaela : Donc vous avez l'impression que tout est sombre et qu'il n'y a pas d'espoir ?

Harriett : Oui, j'ai l'impression que ma vie est misérable. Presque comme une tragédie.

Michaela : Donc ce n'est pas seulement maintenant ?

Harriett : Non.

Michaela : Dites-moi plus sur ce que vous ressentez.

Harriett : Eh bien, quand j'avais 13 ans, le même âge que Lynn, c'est quand ma mère est décédée d'un cancer. C'était comme si ma vie entière prenait fin. J'aimais ma mère si profondément, et je pense constamment à ce que les choses seraient pour ma fille si je --

Michaela : Si ce qui est arrivé à ta mère t'arrivait ?

Harriett : Oui.

Michaela : Ce que ce serait -- ?

Harriett : Je me demande comment ce serait pour ma fille.

Michaela : Et vous aviez le même âge ?

Harriett : Oui, j'avais 13 ans quand ma mère est morte. Le même âge que Lynn maintenant. Je repense toujours à toutes les choses que j'ai dû faire pendant cette période. J'étais l'aînée de la fratrie, alors j'ai assumé le rôle de prendre soin de mon père, de ma sœur et de mon frère.

Michaela : C'était comment ? Qu'est-ce que vous deviez faire ?

Harriett : Mon père est devenu très dépressif et s'est mis à boire. Je devais m'occuper de lui. J'étais la première à me lever et à préparer le petit déjeuner pour tout le monde. Je devais m'assurer que mon père se rendait au travail, ce qui signifiait que je devais le réveiller. Après cela, je devais préparer le déjeuner de tout le monde et me préparer pour l'école. Je devais également veiller sur mes frères et sœurs tout au long de la journée.

Michaela : Comment vous sentez-vous à ce sujet ?

Harriett : Ne pas faire face à nos sentiments était un thème constant dans ma famille. Nous repoussions nos sentiments vers le bas et loin.

Michaela : Tu les as poussés vers le bas ? Je vois. Que se passait-il avec votre père ? Vous avez dit qu'il était déprimé et qu'il buvait beaucoup.

Harriett : Oui. Ma mère lui manquait beaucoup, et je comprenais, elle me manquait aussi. J'étais l'aînée, alors il s'en prenait beaucoup à moi.

Comment s'est-il défoulé sur vous ?

Harriett : Il plaisantait constamment sur le fait que j'étais trop bête pour aller à l'université. Je voulais aller à l'université.

Michaela : Donc il vous critiquait ?

Harriett : Oui, il me rabaissait constamment, et je lui disais qu'il me rabaissait. Il s'énervait puis disait qu'il plaisantait.

Michaela : Qu'est-ce que vous avez ressenti à ce sujet ?

Harriett : Je me suis sentie très mal parce qu'on ne peut pas vraiment se mettre en colère pour une "blague". J'étais confuse. J'ai pris tous ces sentiments et les ai enfouis aussi loin que possible.

Michaela : Est-ce que vous continuez à étouffer vos sentiments maintenant ?

Harriett : Oui, Michael a aussi cette tendance à critiquer.

Michaela : Et quand vous faites face à ce genre de critique, comment vous sentez-vous ?

Harriett : Je me mets vraiment en colère, et après coup, on me dit généralement que ce n'était qu'une blague.

Michaela : Que faites-vous quand vous avez ces sentiments de colère ?

Harriett : J'étouffe mes sentiments. Je n'aime pas faire face à ces sentiments.

Michaela : Si vous étouffez vos sentiments comme vous le faites avec Michael et votre père, comment cela vous affecte-t-il ? Quel prix payez-vous pour étouffer vos sentiments ?

Harriett : Je ne sais pas.

Michaela : Je ne suis pas sûre non plus. Cela pourrait être un sujet possible dont nous pourrions discuter lors de nos prochaines sessions.

Harriett : Oui.

Michaela : Très bien, voyons si je suis sur la même longueur d'onde que tout ce que vous m'avez dit jusqu'à présent. S'il vous plaît, dites-moi si je me trompe. Vous faites face à beaucoup de panique, et vous l'avez expérimenté à travers les attaques que vous avez eues. Cela vous a même conduit aux urgences à plusieurs reprises. On dirait que vous vivez plusieurs choses différentes.

Harriett : Oui, c'est exact.

Michaela : Commençons par discuter de ce que l'on peut faire contre ces attaques de panique. Ensuite, parlons de votre activité consistant à étouffer vos sentiments et de l'impact que cela a sur vous.

Michaela : Je voudrais que vous essayiez de commencer à remarquer quand vous commencez à avoir des crises de panique et le moment exact où vous commencez à refouler vos sentiments. Nous en discuterons lors de notre prochaine session.

Dans cet exemple, la thérapeute Michaela a pu identifier deux problèmes importants. Le premier est celui des crises de panique d'Harriett ; nous allons continuer à l'explorer plus en détail et à élaborer un plan de traitement car cela a un impact important sur sa vie. Une fois que Harriett aura acquis les compétences nécessaires pour maîtriser ses crises de panique, nous pourrons aborder le problème suivant, à savoir l'impact de sa dépression et de son anxiété.

Exemple n° 2 (deuxième session)

Michaela : Essayons d'avoir une meilleure idée de vos attaques de panique. Parlez-moi du pire incident que vous ayez eu.

Harriett : C'était une matinée folle ; tout le monde venait de partir. Michael est parti au travail et les enfants sont allés à l'école. Une fois que tout le monde est parti, j'ai commencé à pleurer de façon incontrôlable. D'une manière ou d'une autre, mes pleurs ont cessé et j'ai commencé à me préparer pour le travail.

Michaela : Essayons quelque chose ici. Je peux vous demander de fermer les yeux et de vous asseoir sur votre chaise ?

Harriett : Oui, bien sûr.

Michaela : (Pendant ce temps, Michaela explore le processus de pensée et les sentiments d'Harriett liés à l'incident. Elle utilise une technique d'imagerie pour l'amener à remarquer les pensées auxquelles elle n'aurait normalement pas prêté attention. Le but de cet exercice est d'aider Harriett à voir que ses pensées et ses émotions sont liées et comment cela influence son comportement physique, comme ses crises de panique).

Harriett : Je suis montée dans ma voiture alors que j'étais sur le point de partir au travail. Soudain, je me suis sentie étourdie. J'ai eu peur car je pensais que la crise de panique se reproduisait. Mon cœur s'est mis à battre très vite, et j'ai commencé à respirer fortement et très rapidement. J'ai pensé que je devais aller aux urgences parce que j'avais une crise cardiaque. J'avais peur de ne pas y arriver. J'ai pensé que je devais aller chercher de l'aide. J'avais l'impression que mes poumons se refermaient sur moi.

Michaela : (Michaela identifie que Harriett a une évaluation catastrophique de la situation en décrivant qu'elle pense qu'elle est en train de mourir à nouveau et qu'elle a une crise cardiaque. Michaela veut faire comprendre à Harriett qu'elle n'est pas une victime passive pendant ses crises de panique, et que si elle était capable de regarder sa situation d'un autre point de vue, elle aurait la capacité d'y faire face différemment. Elle peut changer son propre résultat)

Michaela : Dans cette situation, tout le monde était parti à l'école ou au travail, et vous avez ressenti un sentiment de soulagement. Puis vous avez eu ces sentiments de panique ?

(Afin que Michaela puisse aider Harriett à voir le lien entre le stimulus déclencheur, les pensées, les émotions et le comportement, Michaela décide d'utiliser la métaphore d'une horloge visuelle pour aider Harriett à voir clairement sa situation. 12:00 est la situation, 3:00 sont ses sentiments d'appréhension, d'anxiété et de peur, 6:00 sont les pensées catastrophistes qui surviennent automatiquement, et 9:00 sont les comportements d'une attaque de panique).

Michaela : Donc les pensées que vous aviez : "Est-ce que ça arrive encore ? Je perds le contrôle !" Puis, étant incapable d'aller au travail et cherchant de l'aide, "Qui puis-je appeler pour m'aider ?" On dirait que c'est un cycle.

Harriett : Oui, un cercle vicieux.

Michaela : C'est quelque chose que nous pouvons examiner. (Avec l'accord d'Harriett, Michaela l'aide à explorer les moyens par lesquels Harriett peut commencer à contrôler ses propres pensées)

Michaela : Une action que vous devrez commencer à faire est de noter quand vous commencez à avoir des sentiments d'anxiété. Soyez très précis lorsque cela se produit. Ainsi, nous pourrons garder une trace des situations spécifiques qui provoquent l'anxiété.

Harriett : Oui.

Michaela : (L'objectif du traitement est de contrôler les crises de panique de Harriett. Pour ce faire, Michaela apprendra à Harriett comment la peur anticipée joue un rôle dans la nature des attaques de panique. Michaela aidera également Harriett à gérer ses symptômes, à prêter attention aux signes d'alerte, à interrompre son critique intérieur, à faire des exercices de respiration, à s'entraîner à la relaxation, à la restructuration cognitive pour aider à contrôler les styles de pensée catastrophiques, à interpréter les symptômes d'anxiété avec précision et à apprendre des techniques d'adaptation.)

A la fin de la deuxième session, Michaela a décidé de mettre en place le plan de traitement suivant pour Harriett :

- Apprendre le rôle que joue la peur anticipée dans les attaques de panique.
- La nature des troubles paniques
- Compétences permettant de gérer les symptômes d'anxiété et de panique
- Restructuration cognitive (modification des modes de pensée nuisibles)
- Exposition graduelle au stimulus de la panique
- Pratiques des techniques d'adaptation

Exemple n° 3 (troisième session)

Harriett : Donc, mardi dernier, quand je suis allée dans la chambre de Lynn le soir pour lui dire que le dîner était prêt, elle a commencé à me crier dessus à propos de...

Michaela : (Continue à surveiller l'anxiété de Harriett en concentrant son attention sur les pensées et les sentiments de Harriett pendant la situation).

Aidez-moi à mieux comprendre ce qui s'est passé avec Lynn. Comment t'es-tu senti après être entré dans sa chambre ?

Harriett : Eh bien, je sentais que l'explosion n'était pas de ma faute. Je sentais que c'était injuste. Je sentais que je n'aurais rien pu faire. J'ai commencé à penser que dans cette famille, rien de ce que je fais n'est juste.

Michaela : Que s'est-il passé ensuite ?

Harriett : J'ai quitté sa chambre. J'ai pu voir que je commençais à m'énerver à ce sujet. J'ai senti que ma poitrine commençait à se refermer sur ces sentiments.

Michaela : (Michaela remarque que Harriett a tendance à interpréter ses sentiments d'irritation et de colère comme de la tension et de l'anxiété. Elle les décrit en termes physiques, comme une sensation d'oppression dans sa poitrine).

Harriett : Tout mon corps était très tendu, mais j'ai essayé de me calmer.

Michaela : Avez-vous ressenti la sensation de votre cœur qui s'emballe à nouveau ?

Harriett : Oui, mon cœur battait la chamade, et ma respiration était étouffée.

Michaela : Que s'est-il passé cette fois ?

Harriett : Je viens de quitter la situation en quittant la chambre de Lynn.

Michaela : (Après avoir fait une revue rapide du reste des pensées, des sentiments, des émotions et des comportements de Harriett, Michaela a décidé de se concentrer sur le problème d'hyperventilation de Harriett. Elle veut aider Harriett à réguler ses changements corporels pendant l'hyperventilation et lui donner un sentiment de contrôle. Michaela décide d'utiliser une méthode appelée respiration diaphragmatique comme outil d'adaptation pour Harriett).

Michaela : Quand les humains ont des attaques de panique, une chose qui a tendance à se produire est qu'ils commencent à respirer très rapidement. C'est l'acte d'hyperventilation. Quand les gens font l'expérience de ce type de respiration, cela tend à rendre leur corps plus tendu. Ainsi, une grande partie des sensations que vous ressentez pendant vos crises de panique - picotements, vertiges, bouffées de chaleur et de froid - sont tous des symptômes liés à la façon dont vous respirez. Par conséquent, si vous apprenez à contrôler votre respiration, cela peut vous aider à mettre fin au cercle vicieux de l'hyperventilation. Prenons une minute pour pratiquer un exercice de respiration.

Harriett : Bien sûr.

Michaela : Super. Cela va vous donner une idée de ce que vous pouvez contrôler. Veuillez vous asseoir sur votre chaise dans une position confortable. Ensuite, fermez les yeux.

Michaela : Commencez par prendre une respiration lente et profonde, en remplissant votre poitrine, et retenez-la. Expirez lentement et faites comme si vous essayiez de refroidir une cuillerée de soupe en respirant dessus sans la renverser. Ressentez la chaleur et le calme de la soupe. Pensez à ce que nous avons dit sur la façon dont le fait d'être tendu contribue fortement au cercle vicieux de l'hyperventilation.

Michaela : (Dans l'étape suivante, Michaela décide de se concentrer sur la composante cognitive du trouble panique de

Harriett. Michaela décide d'examiner les pensées d'Harriett en utilisant une anecdote).

Michaela : Une autre partie de ce cercle vicieux dont nous avons parlé est le genre de pensées que vous avez. Afin que nous puissions toutes les deux mieux les comprendre, revenons à la situation avec Lynn et examinons ce que vous avez pensé et comment vous vous êtes sentie à chaque étape.

Harriett : Très bien.

Reprenons au moment où vous êtes entrée dans la chambre de Lynn. Qu'est-ce qu'elle a dit ?

Harriett : Elle a commencé à me crier dessus pour avoir toujours envahi sa vie privée. Je pensais que c'était tellement injuste. Je n'ai rien fait de mal en lui disant que le dîner était prêt.

Michaela : Donc, elle vous attaquait au hasard ?

Harriett : Oui, je n'ai rien fait. Après avoir quitté sa chambre, je me suis dit que je ne pourrais jamais faire les bonnes choses pour ma famille et que j'avais toujours tort. Je ne peux jamais avoir raison, et je ne vaux rien.

Michaela : Donc ces pensées de "Je ne fais jamais rien de bien, et je ne suis jamais apprécié", font-elles partie de votre cercle vicieux ?

Harriett : Oui, exactement.

Michaela : J'aimerais me pencher sur deux éléments de cette question. Le premier est : quelles sont les choses que vous pouvez faire pour modifier vos pensées ? Le second est : d'où viennent ces pensées et ces sentiments ? Commençons par essayer de sortir de ce cycle, puis nous passerons à la détermination de l'origine de vos sentiments.

Harriett : Ok.

Expliquez-moi ce qu'étaient ces pensées.

Harriett : Donc, je pensais que le fait qu'elle me crie dessus comme ça n'était pas juste. C'est pas comme si j'avais fait quelque chose de mal. Tout ce que j'ai fait c'est de lui faire savoir que le dîner était prêt. Quand j'ai commencé à quitter sa chambre, j'ai commencé à penser que c'était toujours comme ça. Je suis toujours dans l'erreur, et je ne fais rien de bien. Je suis un échec total.

Michaela : (Quand Harriett décrit ces pensées, Michaela les identifie comme des pensées automatiques. Elle aidera Harriett à trouver les preuves qui soutiennent ou ne soutiennent pas ses pensées afin de l'aider à voir les choses d'une perspective différente.)

Michaela : Est-ce vrai que vous êtes un échec total ?

Harriett : Non, absolument pas.

Michaela : Exactement, vous n'êtes pas un échec complet.

Harriett : Non, je ne le suis pas.

Michaela : De quelles façons n'êtes-vous pas un échec complet ? (Michaela met Harriett au défi de trouver des preuves pour démontrer qu'elle n'est pas toujours en échec).

Harriett : J'ai fait tellement de choses dans le passé, et j'ai dû élever mes frères et sœurs quand j'étais encore une enfant. Mon père n'arrêtait pas de me dire que je ne pourrais pas aller à l'école parce que j'étais trop bête. J'ai quand même fait en sorte d'aller à l'école et de la payer entièrement moi-même.

Donc vous avez payé votre propre chemin à travers l'école ?

Harriett : Oui.

Quand votre mère est morte, vous avez dû vous occuper de votre père et de vos frères et sœurs.

Harriett : Oui.

Michaela : Puis vous êtes allée à l'école ?

Harriett : Oui. Mon père était extrêmement déprimé, et il ne faisait que boire. Il n'arrêtait pas de me dire que j'étais trop bête pour étudier la décoration intérieure. Pour lui prouver qu'il avait tort, je suis entrée dans une école d'art et j'ai étudié la décoration.

Michaela : Donc vous étiez toujours capable de le faire malgré les choses qu'il a dites sur vous ?

Harriett : Oui.

Michaela : Avez-vous d'autres exemples qui montrent que vous n'êtes pas un échec ?

Harriett : Eh bien, Jeremy a été accepté dans une bonne université et est sur le point d'y aller, donc c'est vraiment génial. Les enfants sont plutôt bons.

Michaela : Et votre travail ? Avez-vous l'impression d'échouer là aussi ?

Harriett : Pas du tout, cela fait déjà plus de deux ans que j'y travaille.

Michaela : Donc, en se basant sur votre hypothèse que vous êtes un échec complet, est-ce que ça correspond à la description de quelqu'un qui a accompli toutes ces choses ?

Harriett : Non, je suppose que non.

Michaela : (La discussion sur les preuves qui confirment qu'Harriett n'est pas une ratée lui a donné de l'espoir. Elle se met à pleurer doucement à cette prise de conscience)

Michaela : Est-ce que l'hypothèse selon laquelle vous êtes sans valeur et un échec total correspond à l'évidence de qui Harriett est réellement ?

Harriett : Non.

Michaela : (Pour valider les réactions d'Harriett, Michaela décide d'aider Harriett à comprendre que les sentiments qu'elle a éprouvés ne sont pas seulement normaux mais appropriés étant donné son enfance et l'histoire avec son père).

Michaela : Les larmes que je vois que vous avez en ce moment sont un signe de combien vous êtes en contact avec vos sentiments maintenant.

Harriett : Oui, ils le sont.

Au cours des trois séances suivantes, Harriett et Michaela ont pu utiliser diverses techniques de TCC pour aider Harriett à maîtriser ses attaques de panique. Elles ont utilisé la respiration diaphragmatique pour gérer son hyperventilation et sa peur anticipée. Elles ont identifié les distorsions cognitives d'Harriett et sa tendance à catastrophiser et se sont exercées à vérifier ses propres pensées pour déterminer ce qui est vrai et ce qui n'est qu'une pensée. Michaela a encouragé Harriett à mettre en pratique ces techniques d'adaptation tous les jours, comme une sorte d'expérience pour voir ce qui fonctionne et ce qui ne fonctionne pas.

En analysant les trois derniers exemples, nous avons pu voir clairement comment le thérapeute a identifié les domaines dans lesquels Michaela manifestait des styles de pensée peu utiles. Dans ce cas, elle catastrophait. Nous avons pu voir comment le thérapeute utilise la TCC pour identifier ces pensées, dont certaines sont automatiques, et pour aider le client à trouver ses propres preuves qui sont en contradiction avec ces pensées. Les techniques de respiration sont utilisées pour apaiser les symptômes de l'anxiété et vous aider à recentrer votre attention des pensées anxieuses vers la simple gestion de vos symptômes physiques. Une chose que vous avez peut-être remarquée dans les exemples ci-dessus est qu'il est crucial que le client et le thérapeute travaillent en équipe. Il doit y avoir une coopération totale et un dévouement total à la pratique de nouvelles compétences, de nouveaux processus de pensée et de nouvelles techniques d'adaptation. La TCC n'est efficace que si le client la met en pratique dans sa vie quotidienne.

Utiliser la TCC pour traiter d'autres troubles mentaux

Dans ce livre, nous nous sommes surtout concentrés sur la façon dont la TCC est utilisée pour combattre des troubles tels que l'anxiété, mais la TCC a été initialement développée pour le traitement de la dépression. Depuis lors, la TCC a été utilisée pour traiter une variété de troubles dans différents contextes. Sur 250 analyses et recherches menées au cours des dernières décennies, les scientifiques ont trouvé des preuves solides en faveur de l'utilisation de la TCC pour de multiples types de troubles mentaux. Bien que la plupart de ces études se soient concentrées sur la population adulte, certaines preuves soutiennent la TCC chez les enfants, les adolescents et la population âgée.

Utiliser la TCC pour l'anxiété

La plupart des recherches et des pratiques à ce jour soutiennent l'utilisation de la TCC pour le traitement de l'anxiété. La TCC est très efficace lorsqu'il s'agit de traiter les troubles anxieux tels que l'anxiété sociale, l'anxiété généralisée et le TSPT. Elle s'est également avérée efficace pour des troubles moins courants comme les phobies et les TOC. En fait, le National Institute for Health and Care Excellence (NICE) recommande la thérapie cognitivo-comportementale comme première approche dans le traitement des troubles anxieux.

Utiliser la TCC pour la dépression

Il existe des preuves solides qui soutiennent l'utilisation de la TCC pour traiter la dépression à un niveau modéré. Cependant, il n'y a pas de preuves solides qui soutiennent la TCC comme traitement de la dépression plus sévère ou du trouble bipolaire. Toutefois, la TCC donne de meilleurs résultats pour la dépression modérée que l'absence de traitement et que d'autres thérapies pharmaceutiques ou comportementales. Les preuves pour la dépression sévère sont mitigées, mais certaines études suggèrent que la TCC est aussi efficace que les médicaments. Il est également mentionné que la TCC est efficace lorsqu'il s'agit de prévenir les rechutes vers le TPL.

Chapitre 6 : Autres méthodes pour gérer l'anxiété et la dépression

Bien que la TCC soit un traitement efficace de l'anxiété et de la dépression, il existe d'autres méthodes qui contribuent à son efficacité si elles sont également pratiquées. Des méthodes telles que la pleine conscience et la méditation, l'amélioration de votre santé physique, la prévention des mauvaises habitudes comme la procrastination et la pratique de la gratitude contribuent grandement à la gestion de l'anxiété et de la dépression. Jetons un coup d'œil à ces autres méthodes.

Pleine conscience et méditation

La méditation la plus couramment pratiquée est la méditation de pleine conscience. La méditation de pleine conscience est un type de pratique d'entraînement mental qui consiste à concentrer son esprit sur ses propres pensées et sensations au moment présent. Cela inclut vos émotions actuelles, vos sensations physiques et vos pensées passagères. La méditation de pleine conscience implique généralement la pratique de la respiration, l'imagerie mentale, la prise de conscience de votre esprit et de votre corps, ainsi que la relaxation musculaire et corporelle. Il est généralement plus facile pour les débutants de suivre une méditation guidée qui les guide tout au long du processus. Il est extrêmement facile de s'éloigner ou de s'endormir pendant la méditation si personne ne vous guide. Une fois que vous serez plus habile dans la méditation de pleine conscience, vous serez capable de la pratiquer sans guide vocal, mais cela nécessite de fortes capacités mentales.

Méditation de pleine conscience

Ensuite, nous allons voir comment pratiquer la méditation de pleine conscience. L'un des programmes originaux et normalisés pour ce type de méditation s'appelle le programme de réduction du stress basé sur la pleine conscience (MSBR). Ce programme a été développé par Jon-Kabat-Zinn, Ph.D., qui a été l'élève d'un moine bouddhiste, Thich Nhat Hanh. Ce programme standardisé particulier se concentre sur votre propre conscience et sur l'attention que vous portez au présent. Cette méthode est de plus en plus utilisée dans le milieu médical pour traiter de nombreux problèmes de santé, notamment le stress, la douleur et l'insomnie. Cette méthode est assez simple. Il est toutefois recommandé de faire appel à un enseignant ou à un programme pour vous guider au début. La plupart des gens la pratiquent au moins dix minutes par jour, mais même quelques minutes chaque jour peuvent faire une différence dans votre bien-être. Voici la technique de base qui vous aidera à vous lancer :

1. Trouvez un endroit calme dans lequel vous vous sentez bien. Idéalement, votre maison ou un endroit où vous vous sentez en sécurité. Asseyez-vous sur une chaise ou sur le sol. Veillez à ce que votre tête et votre dos soient droits, sans être tendus.

2. Essayez de trier vos pensées et mettez de côté celles qui sont du passé et du futur. Tenez-vous-en aux pensées concernant le présent.

3. Concentrez-vous sur votre respiration. Concentrez-vous sur le sentiment et la sensation de l'air qui circule dans votre corps lorsque vous inspirez et expirez. Sentez la façon dont votre ventre se soulève et s'abaisse. Sentez l'air entrer par vos narines et sortir par votre bouche. Veillez à prêter attention aux différences entre chaque respiration.

4. Regardez chaque pensée aller et venir. Faites comme si vous observiez les nuages, les laissant passer devant vous en regardant chacune d'elles. Que votre pensée soit une inquiétude, une peur, une anxiété ou un espoir - lorsque ces pensées surgissent, ne les ignorez pas et n'essayez pas de les supprimer. Reconnaissez-les simplement, restez calme et ancrez-vous dans votre respiration.

5. Il se peut que vous vous laissiez emporter par vos pensées. Si cela se produit, observez où votre esprit s'est égaré, et sans porter de jugement, revenez simplement à

votre respiration. Gardez à l'esprit que cela arrive souvent aux débutants ; essayez de ne pas être trop dur avec vous-même lorsque cela se produit. Utilisez toujours votre respiration comme point d'ancrage.

6. À l'approche de la fin de la séance de 10 minutes, asseyez-vous pendant une minute ou deux et prenez conscience de l'endroit où vous vous trouvez physiquement. Levez-vous progressivement.

Améliorer la santé physique par des changements de mode de vie

Les changements de mode de vie peuvent sembler simples, mais ils sont en fait des outils très puissants lorsqu'il s'agit de traiter la dépression et l'anxiété. Dans certains cas, un changement de mode de vie est tout ce dont ils ont besoin pour se remettre de la dépression et de l'anxiété. Dans le cas où une personne a besoin d'un autre traitement, le fait de modifier son mode de vie peut aider à guérir la dépression encore plus rapidement et à éviter qu'elle ne se reproduise. Voici quelques changements que les gens peuvent essayer :

- **Exercice : les** chercheurs ont découvert que faire régulièrement de l'exercice peut être tout aussi efficace que les médicaments pour traiter la dépression et l'anxiété. L'exercice stimule les substances chimiques du cerveau qui procurent une sensation de bien-être, comme la sérotonine et les endorphines. Ces substances chimiques déclenchent également la croissance de nouvelles cellules et connexions cérébrales, comme le font les antidépresseurs. Le plus intéressant dans l'exercice physique, c'est qu'il n'est pas nécessaire de le pratiquer intensément pour en tirer des bénéfices. Même une simple promenade de 30 minutes peut faire une énorme différence dans l'activité cérébrale d'une personne. Pour obtenir les meilleurs résultats, les gens devraient s'efforcer de pratiquer une activité aérobique de 30 à 60 minutes chaque jour ou presque.

- **Soutien social :** comme je l'ai mentionné plus haut, le fait d'avoir un réseau social solide réduit l'isolement, qui est un facteur de risque important dans la dépression et l'anxiété. Faites l'effort de rester en contact régulier avec votre famille et vos amis (idéalement tous les jours) et envisagez de rejoindre un groupe ou un cours de soutien. Vous pouvez également opter pour le bénévolat, qui vous permettra d'obtenir le soutien social dont vous avez besoin tout en aidant les autres.

- **Nutrition :** La capacité de s'alimenter correctement est impérative pour la santé mentale et physique de chacun. En mangeant de petits repas équilibrés tout au long de la journée, vous pouvez minimiser vos sautes d'humeur et maintenir votre niveau d'énergie. Bien que vous puissiez avoir envie d'aliments sucrés en raison du regain d'énergie rapide qu'ils peuvent apporter, les glucides complexes sont beaucoup plus nutritifs. Au contraire, les glucides complexes peuvent vous apporter un regain d'énergie sans coup de pompe à la fin.

- **Le sommeil :** Le cycle de sommeil d'une personne a des effets importants sur son humeur. Lorsqu'une personne ne dort pas suffisamment, ses symptômes de dépression ou d'anxiété peuvent s'aggraver. Le manque de sommeil entraîne d'autres symptômes négatifs comme la tristesse, la fatigue, l'humeur et l'irritabilité. Peu de gens peuvent fonctionner correctement avec moins de sept heures de sommeil par nuit. Un adulte en bonne santé devrait viser 7 à 9 heures de sommeil par nuit.

- **Réduction du stress :** Lorsqu'une personne souffre de beaucoup de stress, cela intensifie sa dépression ou son anxiété et augmente le risque de développer des troubles dépressifs ou anxieux plus graves. Essayez de faire des changements dans votre vie qui peuvent vous aider à réduire ou à gérer le stress. Identifiez les aspects de votre vie qui créent le plus de stress, comme les relations malsaines ou la surcharge de travail, et trouvez des moyens de minimiser leur impact et le stress qu'ils entraînent.

Comment prévenir la procrastination

Étant donné que la procrastination est principalement due à des modes de pensée peu utiles, la TCC est une excellente technique pour la combattre, car elle consiste à surveiller ses propres pensées. La première étape de l'utilisation de la TCC pour gérer la procrastination consiste simplement à essayer d'être plus conscient de ce que l'on pense. Dans notre société où tout va très vite et où il faut prendre des milliers de décisions par jour, beaucoup de gens vivent leur vie quotidienne sur le pilote automatique afin de minimiser le nombre de décisions qu'ils doivent prendre. Ils font cela pour préserver leur énergie, car prendre autant de décisions conscientes chaque jour est épuisant. Si c'est la première fois que vous pratiquez la TCC, je vous demande simplement d'essayer d'être attentif à vos pensées. Trouvez des moments de paix et de calme, et prêtez attention à ce qui se passe dans votre esprit. Vous laissez-vous aller au moment présent, ou pensez-vous aux centaines de choses que vous devez faire cette semaine ?

Une fois que vous vous serez un peu exercé, nous commencerons à étudier les schémas et styles de pensée qui ne sont pas utiles. Les personnes qui procrastinent ont souvent adopté de nombreux styles de pensée inutiles, ce qui leur donne l'impression que certaines tâches sont extrêmement décourageantes. En combinant la pleine conscience que vous venez d'acquérir avec les styles de pensée nuisibles, vous serez bientôt en mesure d'identifier les moments où vous exercez ces styles de pensée nuisibles.

Pratiquer la gratitude

Une méthode importante pour surmonter la dépression et/ou l'anxiété consiste à pratiquer fréquemment la gratitude. Lorsque vous êtes dans un moment de stress, d'anxiété ou de dépression, prenez le temps de penser à toutes les choses de votre vie que vous appréciez. Cela inclut toutes les choses matérielles que vous possédez, comme votre maison, votre ordinateur que vous utilisez en permanence, ou même simplement votre café préféré. Pratiquer la gratitude, c'est aussi exprimer de la gratitude envers vos propres qualités positives. Par exemple, soyez reconnaissant pour votre force, votre intelligence et toute autre bonne qualité que vous savez avoir. Cette méthode est très simple et donne aux gens une meilleure perspective sur leur vie. Souvent, les gens sont coincés dans le moment de détresse et ne peuvent pas prendre du recul pour voir la situation dans son ensemble. S'éloigner un instant de la détresse et penser à toutes les choses dont on est reconnaissant de disposer fait une énorme différence dans le changement d'état d'esprit. N'oubliez pas d'être gentil avec vous-même, même dans les moments les plus sombres.

Chapitre 7 : Comment gérer votre colère

Dans notre dernier chapitre, nous allons parler de la colère. La colère est une émotion très complexe, et l'approfondir est extrêmement utile pour comprendre vos propres sentiments, car cela joue un rôle important dans la compréhension de vos pensées et de vos émotions.

La colère comme manifestation d'autres émotions

La colère est une émotion dont on dit qu'elle est la manifestation de nombreux autres types d'émotions. Cela signifie que lorsqu'une personne ressent de la colère, elle ressent en fait quelque chose de différent, ou une combinaison d'autres émotions. Selon cette école de pensée, la colère elle-même n'est pas une émotion authentique. En effet, la colère est un type de carburant qui aide une personne à faire avancer les choses ou à prendre des mesures pour remédier à une situation, tandis que la tristesse ou la déception sont des émotions qui peuvent être débilitantes et vous donner envie de ne rien faire d'autre que de vous coucher et de pleurer. Lorsque nous nous sentons ainsi, nous pouvons parfois ressentir de la colère au lieu de la tristesse, par exemple, car nous abordons alors avec agressivité et énergie ce qui nous fait nous sentir ainsi. Lorsque vous ressentez de la colère, c'est l'un des moments où vous devez regarder plus profondément afin de découvrir ce que vous ressentez vraiment. Nous allons examiner ci-dessous les autres émotions qui peuvent se manifester sous forme de colère.

Une autre raison pour laquelle la colère est souvent une manifestation d'autres émotions est que les gens l'utilisent souvent pour dissimuler la vulnérabilité qui accompagne d'autres émotions comme la tristesse ou la peur. Lorsqu'une personne est en colère ou se met en colère, elle paraît forte ou intimidante, et la majorité des gens préfèrent cela à paraître "faibles" ou vulnérables. Il arrive que des sentiments intenses, quelle que soit l'émotion, soient rapidement transformés en sentiments de colère dans le but de cacher ou de déguiser les véritables sentiments. Cela peut se produire si rapidement et si automatiquement que la personne elle-même ne le reconnaît pas. Souvent, il ne suffit pas de jeter un coup d'œil à l'intérieur de soi pour voir quelle émotion on ressent, mais il faut se mettre au défi de regarder plus profondément et d'être vulnérable.

La colère est considérée comme l'une des émotions humaines les plus primitives, car elle remonte à l'origine de l'humanité. La colère est en fait présente dans notre gamme d'émotions afin de nous protéger des menaces perçues. Cela résulte de l'époque où les humains étaient des chasseurs et devaient protéger leurs familles et leurs terres en temps de guerre et d'autres tribus. La colère est fortement liée à la réaction de lutte ou de fuite, ce qui peut nous expliquer pourquoi nous ressentons le besoin d'agir immédiatement lorsque nous ressentons une colère intense. Le "combat" de la réponse de combat ou de fuite ne doit pas nécessairement impliquer une altercation physique, mais peut également impliquer un combat avec des mots. Savoir que la colère est là pour vous protéger peut vous aider à la gérer, car vous pouvez vous arrêter et reconnaître que vous n'avez pas besoin de réagir car il n'y a pas de menace pour votre survie, comme ce serait le cas si nous étions en l'an 30000 avant Jésus-Christ.

La colère comme manifestation de la tristesse

Comme je l'ai mentionné, la colère est souvent une manifestation de la tristesse. Cette colère ressentie vous aide à faire face à la situation de front au lieu de rester bloqué dans un sentiment de dépression et d'immobilisme. Par exemple, si vous surprenez votre partenaire en train de vous tromper. Dans un premier temps, vous ressentirez probablement une colère intense. Cette colère vous permet de vous précipiter chez la personne avec laquelle il vous trompe et de l'affronter en lui criant dessus et en la traitant de tous les noms. Ce que vous ressentez en réalité est probablement une combinaison de tristesse intense pour l'un et de trahison. Une fois que vous serez rentré chez vous après cette confrontation et que vous vous serez assis avec vous-même pendant quelques minutes, la tristesse s'installera et vous resterez chez vous pendant les jours suivants, ressentant vos véritables sentiments de tristesse, incapable même de caresser l'idée d'aller confronter quelqu'un.

La colère comme manifestation de la déception

Une autre émotion qui se déguise parfois en colère est la déception. Par exemple, imaginez que vous avez passé une audition pour un film que vous espériez vraiment obtenir et pour laquelle vous avez passé des semaines à vous préparer. Si vous apprenez par la suite que vous n'avez pas obtenu le rôle, ni aucun rôle dans le film, l'émotion que vous ressentirez le plus fortement sera la déception. Cependant, au début, vous pouvez ressentir de la colère. Vous pouvez ressentir de la colère envers les personnes qui ont organisé l'audition, envers les personnes qui ont obtenu un rôle dans le film et envers votre agent qui vous a envoyé à l'audition. Cette colère peut durer un jour ou deux, mais une fois qu'elle s'est dissipée, il ne vous reste plus que le sentiment de déception.

La colère comme manifestation du regret

Le regret est une autre émotion qui peut se manifester sous forme de colère. Lorsqu'on éprouve du regret, on peut ressentir de la colère envers soi-même. Dans ce cas, nous pouvons nous flageller en nous disant que nous avons pris la mauvaise décision, que nous aurions dû savoir ou que nous sommes stupides de penser que nous prenions une bonne décision. Si nous mettons cette colère de côté et regardons à l'intérieur de nous, nous pouvons constater que nous ressentons en réalité du regret par rapport à la situation. Le regret est souvent associé à la tristesse ou à la déception.

La colère comme manifestation de la frustration

La frustration est également une émotion qui peut parfois se présenter comme de la colère au départ. La frustration est une description assez générale d'une émotion, car elle peut être causée par un grand nombre de choses différentes et peut éventuellement conduire à des sentiments de haine ou autres, mais reconnaître que votre colère peut être due à la frustration peut vous aider à éviter de vous mettre en colère et à vous attaquer aux problèmes qui sont à l'origine de votre frustration.

La colère comme manifestation de la peur

Vous avez probablement vu ou ressenti par vous-même à quel point la peur peut rapidement se transformer en colère. Par exemple, si quelqu'un vous fait sursauter en entrant dans une pièce où vous travaillez tranquillement, vous pouvez d'abord ressentir de la peur, puis peu après de la colère envers cette personne pour vous avoir effrayé. Si vous vous arrêtez et que vous y réfléchissez, vous vous rendrez compte qu'il est injustifié de ressentir de la colère envers cette personne, car elle n'a rien fait pour vous faire du mal intentionnellement et que le fait d'être surpris est effrayant mais ne vous fait pas réellement de mal. Cet exemple est assez courant et simple. Cela peut se produire dans des situations plus menaçantes qui vous effraient, par exemple lorsque vous perdez quelque chose ou que vous pensez avoir perdu votre partenaire dans un lieu bondé.

Il s'agit là d'un exemple très courant de la façon dont la colère peut être une émotion de surface, mais pas la racine du sentiment. En vous demandant "pourquoi cela m'a-t-il mis en colère ?", vous découvrirez peut-être que vous avez effectivement peur et que vous n'êtes pas en colère.

Le grand mal des sentiments refoulés

En plus de celles décrites ci-dessus, il existe d'autres émotions qui peuvent se présenter sous forme de peur au départ. Il s'agit notamment de la trahison, de l'humiliation, du rejet, etc. Le fait de penser à un iceberg permet d'illustrer plus clairement ce concept. La pointe de l'iceberg est la colère. C'est la seule partie de l'iceberg que l'on peut voir. Mais sous la surface de l'eau, il y a toutes ces autres émotions comme la peur, la culpabilité, le regret, etc. La partie que nous montrons au monde est la colère, mais sous la surface, la réalité est qu'il existe de nombreuses autres façons plus précises de décrire cette émotion.

Ce que vous pouvez faire si vous ressentez la colère comme une manifestation d'autres émotions, c'est regarder vers l'intérieur et essayer d'atteindre la véritable émotion qui est là. En faisant cela, vous serez en mesure d'aborder les sentiments de tristesse ou de regret et de les traiter de front. Cela réduira la durée de vos sentiments négatifs, car la colère et les regrets seront plus durables que si vous vous laissiez aller à vos regrets et les traitiez immédiatement.

Le problème lorsqu'on ressent de la colère au lieu des émotions que l'on ressent réellement, c'est que la colère conduit souvent à des débordements ou à dire des choses que l'on ne voulait pas dire. Si vous ressentez de la colère, vous pouvez insulter les gens, dire des choses comme "je te déteste" ou "ne reviens plus jamais ici", pour réaliser plus tard que vous avez agi sous le coup de la colère alors que ce n'était pas vraiment ce que vous vouliez faire ou dire.

Refouler ses sentiments peut avoir d'autres conséquences négatives, comme des effets néfastes sur la santé. Les sentiments de colère intense affectent en fait la tension artérielle en l'élevant, en augmentant votre rythme cardiaque ainsi qu'en libérant de l'adrénaline, l'hormone de combat ou de fuite. Cela conduit votre corps à effectuer des changements pour se préparer à combattre ou à fuir, notamment en arrêtant la digestion, en élargissant les pupilles et en envoyant du sang vers les membres. C'est à cause de cette réponse que vous avez du mal à réfléchir dans les moments de colère intense - tout le flux sanguin va vers vos bras et vos jambes au lieu de votre cerveau. De plus, le fait d'être souvent en colère ou d'avoir des accès récurrents de colère intense peut entraîner une indigestion, car le système digestif ne cesse de s'activer et de se désactiver en réponse à cette poussée d'adrénaline.

Maîtrise de la colère

En utilisant la CNV en premier lieu, vous pouvez éviter les sentiments de colère qui surgissent souvent lors d'une dispute ou d'une confrontation. En utilisant la CNV, vous êtes capable d'aller tout de suite au fond des choses au lieu de bouillonner de colère parce que vous et l'autre personne essayez de vous insulter. Il y aura cependant des moments où la colère surgira, quelle que soit la façon dont vous avez géré la situation. Dans ces cas-là, le présent chapitre vous aidera à éviter de vous mettre en colère d'une manière que vous pourriez regretter plus tard.

Les moyens les plus efficaces de contrôler la colère passent par la relaxation. Si vous avez l'impression de vous mettre en colère trop souvent et que votre niveau de colère n'est pas tant le problème que la vitesse à laquelle il se reproduit, essayer de pratiquer des techniques de relaxation s'avérera très utile. Une technique de relaxation rapide et facile consiste à vous rappeler de vous détendre. Le simple fait de vous rappeler que c'est l'objectif vous aidera à vous arrêter et à penser aux techniques qui sont stockées dans le fond de votre esprit, ce qui vous donnera le temps de vous les rappeler. Cela vous aidera non seulement à vous détendre, mais aussi à vous distraire momentanément de votre colère. Ensuite, lorsque vous vous en souviendrez, vous aurez peut-être l'impression qu'elle n'est pas aussi intense que vous le pensiez au départ.

Lorsque la colère s'empare de votre corps, il peut être difficile de penser clairement ou rationnellement, et c'est souvent sans réfléchir que nous agissons. Afin d'acquérir une certaine maîtrise de soi dans ces moments-là, il existe plusieurs techniques que vous pouvez essayer afin de vous assurer que vous ne vous mettez pas en colère lorsque vous vous sentez vraiment triste.

Techniques de gestion de la colère

Pour clore ce chapitre, je vais vous présenter plusieurs techniques de gestion de la colère qui vous aideront dans les moments où vous vous sentez en colère et où vous n'avez qu'une envie : passer à l'acte. Si vous avez tendance à réagir à vos sentiments de colère par l'agression, les explosions verbales ou même la violence physique, ces techniques vous seront très utiles dans votre démarche de traitement de votre trouble anxieux ou dépressif.

1. Compter

Lorsque vous ressentez en vous la colère qui fait bouillir votre sang, comptez jusqu'à dix ou cinquante, selon votre niveau de colère. Si vous êtes extrêmement furieux, allez jusqu'à 100. Cette technique est utile pour vous donner le temps de vous calmer physiquement. Votre rythme cardiaque ralentira pour revenir à un niveau normal et vos réactions d'adrénaline diminueront également. Cela vous permet de prendre du recul et de réfléchir plus clairement.

2. Respiration

Lorsque vous êtes en colère, votre respiration devient superficielle et courte. Lorsque vous êtes en colère, concentrez-vous sur votre respiration en la ralentissant et en vous obligeant à prendre des respirations longues et profondes. Inspirez par le nez et expirez par la bouche. En vous concentrant sur votre respiration, vous vous calmez et donnez à votre cerveau l'oxygène dont il a besoin pour penser clairement.

3. Mantra

Avoir un mantra peut sembler un peu aérien si vous n'avez pas l'habitude d'utiliser ce genre de chose, mais cela s'avère très utile dans les moments d'émotion intense. Un mantra est un mot ou une phrase que vous répétez et qui est conçu pour vous aider à vous concentrer sur la méditation. Dans la vie de tous les jours, cependant, il vous aide à ramener votre conscience au moment présent, tout comme le fait la méditation. Votre mantra peut être n'importe quoi, comme "détendez-vous", "vous êtes en sécurité", ou tout ce qui vous aide à vous calmer sur le moment. Décidez de votre mantra dans un moment de calme et de tranquillité afin qu'il soit présent dans votre esprit lorsque vous en aurez besoin dans un moment de colère.

4. Étirements

Les étirements sont une bonne pratique pour les moments de colère intense car ils vous aident à redescendre sur terre. Ils vous permettent de reprendre contact avec votre corps et vos muscles, ce qui vous aidera à revenir au moment présent et favorisera la circulation sanguine. Tous les étirements sont bons, les roulades du cou, les étirements des jambes ou des épaules sont excellents.

5. Visualisation de

C'est un excellent outil lorsqu'il est difficile de contrôler sa colère. Allez dans un endroit calme et mettez-vous à l'aise. Fermez les yeux et visualisez votre scène de détente idéale. Imaginez que vous êtes là. Imaginez les images, les odeurs, les sons et les sentiments que vous ressentiriez. En faisant cela, vous trompez votre cerveau en lui faisant croire que vous êtes dans cette scène, ce qui vous apportera des sentiments de relaxation, de joie et de confort.

6. Arrêter

Si vous avez un accès de colère ou si vous criez tout ce que vous n'auriez pas dit si vous n'étiez pas si en colère, obligez-vous à vous arrêter de parler. Collez vos lèvres l'une à l'autre et ne vous autorisez pas à les ouvrir pendant quelques minutes. Ce temps où vous ne pouvez pas vous permettre de cracher une foule de mots que vous ne pensez pas vous donnera le temps de réfléchir avant de décider ce que vous voulez dire ou faire.

7. Exercer

L'exercice physique a des effets bénéfiques sur votre corps, surtout dans les moments de colère intense. Les sensations positives de l'"euphorie du coureur" que vous ressentez après avoir fait de l'exercice vous aideront à dissiper une partie de votre colère. De plus, le fait de mettre votre colère dans le gymnase vous aidera à la maîtriser et à l'évacuer d'une manière saine.

8. Rédaction

Il y a probablement beaucoup de choses que vous voulez dire, mais dont vous savez qu'elles feraient plus de mal que de bien, surtout si vous les dites dans un moment de colère. Mettez-les par écrit. De cette façon, vous continuez à vous exprimer et à exprimer votre colère, mais vous ne blessez personne ou vos relations en le faisant. Cela vous aide à traiter vos émotions et peut vous aider à les examiner de loin afin de décider de la meilleure ligne de conduite.

9. Ranting

Le fait de s'adresser à une personne qui n'est pas impliquée dans la situation peut vous aider à vous exprimer sans offenser la personne impliquée et sans risquer d'endommager votre relation. Le fait de s'adresser sainement à une tierce personne vous permet de vous exprimer et de traiter la situation ainsi que vos sentiments à son égard.

10. Rire

Le rire peut en fait vous aider à désamorcer votre colère. Le rire est un remède puissant, donc se faire rire lorsqu'on ressent des sentiments intenses de colère peut vous aider à vous détendre un peu et à prendre du recul. Regarder une émission drôle, parler à un ami qui vous fait rire ou parcourir Internet à la recherche de contenus amusants sont autant de moyens d'y parvenir.

Conclusion

Je veux que vous vous félicitiez d'avoir pris l'initiative d'en apprendre davantage sur la façon de traiter les troubles mentaux. Ce n'est pas une tâche facile, car lorsqu'une personne souffre des symptômes de troubles courants comme l'anxiété ou la dépression, il lui est difficile d'avoir une pensée claire et stratégique. Le fait que vous ayez trouvé la motivation non seulement d'acheter et de lire ce livre, mais aussi de le terminer, est une grande réussite. Vous avez appris en profondeur la thérapie cognitivo-comportementale et comment elle peut être utilisée pour traiter l'anxiété et la dépression. C'est l'un des points les plus importants à retenir, car la TCC est capable de fournir aux gens les bons outils pour combattre leurs propres pensées négatives.

Pour que toutes les connaissances que vous avez apprises dans ce livre fonctionnent, vous devez être cohérent dans la pratique de la TCC. La plupart des gens ne voient pas les effets de la TCC de manière visible avant 4 à 5 semaines, s'y tenir et ne pas abandonner est une chose à laquelle vous devez faire attention. Commencez toujours lentement et apprenez les bases. Commencez simplement par prêter plus d'attention à vos pensées, et vous serez lentement capable de voir les modèles de vos propres pensées négatives. Dès que vous en prendrez conscience, vous pourrez commencer à interrompre vos propres pensées négatives. La partie la plus difficile de tout le processus de la TCC est de faire en sorte que votre esprit passe du pilotage automatique à l'attention portée aux pensées. Ce geste est fatigant, c'est pourquoi certaines personnes ne réussissent pas à suivre la TCC si elles ne s'entraînent pas. Cependant, l'esprit et le cerveau sont des fonctions très malléables du corps. Ils sont littéralement faits pour s'adapter à ce qui est le plus sain et le meilleur pour votre corps. En pratiquant et en prêtant activement attention à vos pensées, vos habitudes commenceront à changer et vous commencerez lentement à voir l'erreur de vos styles de pensée.

Jetons un coup d'œil à tout ce que nous avons appris jusqu'à présent ; c'est important pour que vous puissiez assimiler tous les concepts et toutes les informations dans leur ensemble. Nous avons commencé ce livre en découvrant simplement la TCC et son fonctionnement. Nous avons également comparé la TCC à d'autres types de thérapie, afin que vous puissiez comprendre pourquoi elle est différente des méthodes traditionnelles de thérapies par la parole. Ensuite, nous avons étudié en profondeur les troubles de l'anxiété et de la dépression et avons appris à connaître les différents types de chacun d'entre eux ainsi que leurs symptômes. Si vous n'étiez pas sûr de souffrir ou non de l'un de ces troubles, vous devriez en avoir une meilleure idée maintenant. Cependant, gardez à l'esprit que seul un professionnel agréé peut vous diagnostiquer correctement. Si vous soupçonnez que vous souffrez de l'un de ces troubles, allez consulter un professionnel de la santé pour qu'il vous diagnostique. Après cela, nous avons appris les avantages et les inconvénients de la TCC. Ce chapitre devrait vous permettre de savoir si la TCC est la bonne méthode de traitement pour votre cas personnel. Encore une fois, seul un professionnel de la santé peut diagnostiquer votre trouble, mais si vous souffrez d'une maladie mentale plus grave, la TCC peut ne pas suffire à elle seule à vous traiter correctement. Dans les chapitres suivants, vous avez appris comment utiliser la TCC pour gérer votre anxiété et votre dépression. Vous avez appris à connaître les différents styles de pensées inutiles et les moyens d'interrompre votre processus de pensée lorsque vous manifestez ces comportements négatifs. Nous savons que la TCC est efficace, mais elle est souvent plus efficace lorsqu'elle est associée à d'autres traitements. Nous avons ensuite appris comment la méditation, les changements de mode de vie, la réduction de la procrastination et la pratique de la gratitude sont d'excellentes méthodes à pratiquer parallèlement à la TCC. Enfin, nous avons consacré un chapitre à la gestion de la colère et aux différentes techniques permettant de la gérer. Lorsque la colère n'est pas maîtrisée et qu'elle n'est pas reconnue à sa juste valeur, elle risque de se manifester par des problèmes plus graves.

Dans l'ensemble, ce livre a couvert tous les sujets liés à la TCC et aux troubles qu'elle peut traiter. Cependant, je sais que pour être correctement traité à l'aide de la TCC, il ne suffit pas de pratiquer ses techniques et de s'informer à son sujet. Il est important de connaître la science et le contexte derrière vos troubles mentaux et de comprendre pleinement pourquoi la TCC fonctionne comme elle le fait. Lorsque les gens essaient aveuglément des traitements sans comprendre ce qui se passe, il est plus probable qu'ils abandonnent le traitement s'ils le jugent infructueux dans les délais fixés. Cependant, si vous pouvez comprendre ce qui se passe exactement en arrière-plan, vous êtes plus susceptible de rester engagé car vous comprenez le processus. C'est pourquoi il est si important non seulement d'apprendre à connaître les troubles mentaux tels que l'anxiété et la dépression, mais aussi de comprendre vos propres difficultés et de trouver le bon ensemble de traitements à utiliser. Nous avons mentionné tout au long de ce livre que la TCC n'est pas une solution universelle, vous devez la pratiquer et la poursuivre à votre manière et la combiner avec d'autres méthodes afin d'obtenir les résultats les plus efficaces.

Je tiens à vous remercier de votre engagement à lire jusqu'au bout et à vous renseigner sur tout ce qui est nécessaire pour surmonter les troubles mentaux auxquels vous pouvez être confronté. Ce n'est pas un voyage facile mais c'est un voyage qui vous aidera à vivre la vie la plus saine et la plus heureuse. Donc, si vous vous sentez déprimé ou si vous êtes confronté à une situation très anxiogène, essayez de prendre du recul et rappelez-vous les théories et les méthodes que vous avez apprises dans ce livre. N'oubliez pas que vous êtes beaucoup mieux armé après avoir étudié en profondeur les troubles mentaux et la TCC. Vous n'êtes plus la même personne et vous disposez de connaissances nouvelles et solides sur la manière de surmonter les mauvaises situations en matière de santé mentale. Gardez toujours cela à l'esprit pour aller de l'avant. Les connaissances de ce livre seront des outils que vous pourrez utiliser pour toujours afin de garder votre esprit et votre corps sains et heureux.

Description

Saviez-vous que, dans l'ensemble de la population mondiale, 450 millions de personnes souffrent quotidiennement d'un trouble mental quelconque ? Les troubles mentaux les plus courants contre lesquels les gens luttent quotidiennement sont la dépression et l'anxiété. Êtes-vous une personne qui a l'impression d'être toujours accablée par ses troubles mentaux ? Avez-vous l'impression d'être empêché de réaliser votre plein potentiel ? Vous vous sentez coincé et vous luttez pour sortir de ce marasme ? Si vous vous reconnaissez dans ces propos, alors ce livre peut vous aider non seulement à apprendre la thérapie cognitivo-comportementale pour traiter vos troubles, mais aussi à acquérir les connaissances nécessaires pour comprendre ce qui se passe et pourquoi. Des millions de personnes abandonnent chaque année leur traitement de santé mentale parce qu'elles pensent qu'il n'est pas efficace ou qu'il ne fonctionne pas assez rapidement. Or, le traitement de la santé mentale est une affaire compliquée, et il n'existe pas de solution unique. Même s'il est vrai que la thérapie cognitivo-comportementale s'est avérée être le traitement le plus efficace pour la plupart des troubles mentaux, il est crucial d'en apprendre le plus possible sur votre propre santé mentale et, à partir de là, d'appliquer vos propres méthodes de TCC pour traiter correctement votre situation individuelle. Ce livre pourra vous y aider en vous fournissant des informations sur les sujets suivants :

- L'histoire de la thérapie cognitivo-comportementale
- Les utilisations modernes de la TCC
- Comment fonctionne la TCC
- Troubles anxieux, causes et symptômes
- Troubles, causes et symptômes de la dépression
- Les avantages et les inconvénients de choisir la TCC comme traitement
- Comment utiliser la TCC pour gérer votre anxiété et/ou votre dépression ?
- Autres méthodes qui aident également à gérer l'anxiété et/ou la dépression
- Comment gérer votre colère

La TCC s'est avérée efficace pour jusqu'à 75 % des personnes qui l'utilisent comme traitement. En fait, le niveau d'efficacité s'élève à 90 % si elle est également combinée à d'autres méthodes. Ce livre vous apprendra comment appliquer la TCC à votre cas personnel de santé mentale, et il vous enseignera également d'autres méthodes qui aident à traiter les troubles mentaux. En combinant la TCC avec d'autres traitements comme la méditation et l'amélioration du mode de vie, l'efficacité de l'ensemble du traitement augmente considérablement.

La plupart des gens dans notre société actuelle se trompent sur les troubles de la santé mentale. Les gens pensent que toute personne diagnostiquée doit prendre des médicaments afin de la traiter correctement. Bien que cela soit vrai dans les cas graves de troubles mentaux, de nombreux troubles de la santé mentale peuvent être bien gérés et prévenus en pratiquant la TCC et d'autres formes de traitement. Contrairement à la plupart des médicaments pour la santé mentale, la TCC a des effets secondaires minimes, voire nuls, et est beaucoup plus durable. Il faut plus de 6 semaines pour que la personne ressente les effets d'un médicament, alors que les gens affirment qu'après 8 à 15 séances de TCC, ils commencent à se sentir beaucoup mieux. Cela montre que la TCC est un traitement à faible risque et à forte récompense. Donc, si vous cherchez à améliorer votre santé mentale et à apprendre à gérer correctement et en toute sécurité votre anxiété ou votre dépression, ne cherchez pas plus loin. Achetez la thérapie cognitivo-comportementale aujourd'hui et commencez à vous guérir.

www.ingramcontent.com/pod-product-compliance
Lightning Source LLC
Chambersburg PA
CBHW060504030426
42337CB00015B/1728